忍冬信札 2024

遇见家乡的中国式现代化

主编 郑志亮
副主编 戎融

中国传媒大学出版社
·北京·

序言

还记得小的时候,"实现四个现代化"一直是伴随着我们成长的口号,当年时时在耳边,感觉却似乎那么遥远。迈向新时代的征程中,中国式现代化的目标和路径越来越明确而清晰。现代化是每个人的现代化,是每个地区的现代化,是全中国的现代化,正是这样立体、多样的图景构成了中国式现代化具体而丰富的面貌。那么,新时代青年人憧憬的中国式现代化是什么?具体呈现出什么模样?因此,电视学院倡议,利用寒假,让回家的学子们看看自己家乡的具体面貌、观察家乡的变化,而这每一个地方的变化和体察构成了中国式现代化征程中最鲜活的样板、最切身的体悟和最动人的讲述。我们进一步把这些变化、感受落实到文字,以书信沟通的方式呈现出来,于是有了今天集结成册的《忍冬信札2024——遇见家乡的中国式现代化》。

具体而言,将书信集结成册出版,我认为有三个意义。

一是创新思政教育。如何把思想政治教育内容融入专业理论、理念和方法传授以及技能训练中,以达到培根铸魂、立德树人的目的,是新时代高等教育的重要命题。而如何发挥学生的内驱力,让同学们在耳濡目染、潜移默化中形成价值观,是创新思政教育着力探索的路径。其创新性在于,不仅仅是将立德树人的种子埋进学生的心里,把外来的价值要义融入其中,更强调在专业教育中挖掘思政元素,以文化体认和情感认同,助力学生提升判断能力和选择能力,从而唤醒心中本就存在的主流价值,将散落的碎片凝聚成一幅清晰的认知拼图。正是循着这样的思路，我们让寒假回家的学子们去观察、感受家乡的变化，让这些离家又返乡的学子们从一个全新的角度去发现自己熟悉的地方之变。他们的感受是最切身的，也最能从细微处见真情。同学们以自己的切身经历去书写每个地区、每个人的中国式现代化，将它们汇聚成整个中国式现代化的图景：从东北到华南，从陕西关中到新疆阿勒泰，从险峻的高山到广阔的大海，从内蒙草原到江南山水，从鞍山的钢铁到宜兴的紫砂壶，从省城到县域，中国之博大，令人叹服，来自五湖四海的学子们的感受汇聚成中国式现代化的总体印象。不仅如此，这一活动更让同学们在观察、感受和写作中强化家国情怀，深入理解国情、社情和民情，从而真正地把文章写在祖国大地上，这正是我们发起"忍冬信札"写作的根本目的。

二是创新专业培育。写作是系统化思考和形象能力培养的重要手段，也是新闻传播学科的基础应用。电视学院教育教学虽然聚焦广播电视和视听新媒体，但对学生的写作是严格要求的。写作线是电视学院"五条线"教育教学体系的重要组成部分，从一年级的基础写作到二、三、四年级的各项专业和专门写作，可以说，写作贯穿学院四年的教学和实践。因此，在假期实践中安排写作训练，能够让同学们锤炼观察细节的能力，强化共情共鸣的力量，提升放眼国家的站位。学子们以深入的观察、细腻的笔触、切身的感悟，把家乡的变与不变凝结成文字和具体的形象。正如一位同学文章的题目所言，"循迹知变　见微知著，寻找中国式现代化在家乡的生动体现"，一幅幅中国式现代化动人的图景呈现在我们面前，这正是我们发起"忍冬信札"写作的一个重要初衷。

三是创新教育模式。我们探索把教育教学融入学生的日常生活中，把课堂内和课堂外、校内和校外的培养与实践打通，形成系统化、体系化、全程化的培养模式，从而一以贯之地把价值塑造、知识传授、能力培养融汇到学生的日常观察和体验之中，这也是探索"社会大课堂"协同育人体系的方式。同学们能够把日常的审美和生活的体验与更高、更大的意义衔接，跳出"小我"，进入"大我"。学院以命题作文、集结成书的方式，把同学们的感悟凝固起来，在老师的引导和指导之下，促进同学们积极思考，认真写作，形成师生共创的作品，这正是我们发起"忍冬信札"写作的基本共识。

忍冬实为一味中药材，也就是金银花，"似藤生，凌冬不凋，故名忍冬"。书名取"忍冬信札"即指明时间是寒假时期，更寓意忍耐、坚持和等待。中国式现代化不是一蹴而就的，需要我们全面深化改革，团结奋进，持续努力，攻坚克难，行稳致远。青年学子是国家未来之栋梁，只有深刻理解了中国式现代化的要义，才能赋予自己的行动以意义。

是为序。

曾祥敏

中国传媒大学电视学院党委书记，教授、博士生导师

2024年7月

目录 CONTENTS

2024.2.1【第一封信】
　　心系人民　造福桑梓　　　　　　　　　　　　　　　／001
　　　　——中国式现代化在家乡建设中的生动诠释

2024.2.1【第二封信】
　　所有的只争朝夕，都是为了这里的日新月异　　　　　／005

2024.2.2【第三封信】
　　以旅行者的心态　重新认识家乡　　　　　　　　　　／011

2024.2.2【第四封信】
　　看清前路　不忘来处　　　　　　　　　　　　　　　／015

2024.2.3【第五封信】
　　一篇与我同龄的日记　　　　　　　　　　　　　　　／019
　　　　——我记忆中的中国式现代化

2024.2.3【第六封信】
　　碧海掣鲸望巨擘　云天张翼仰高鹏　　　　　　　　　／024

2024.2.4【第七封信】
　　以青春之色　显家乡之魅　　　　　　　　　　　　　/ 029

2024.2.4【第八封信】
　　钢花璀璨映故乡　青春无悔筑华章　　　　　　　　/ 033

2024.2.5【第九封信】
　　在中国式现代化的跑道上加速"起飞"　　　　　　　/ 037

2024.2.5【第十封信】
　　绍兴的蜕变：中国式现代化下的古镇新颜　　　　　/ 041

2024.2.6【第十一封信】
　　"共和国长子"　中国式现代化的新征程　　　　　　/ 045
　　　　——哈尔滨在新时代走向复兴

2024.2.6【第十二封信】
　　两张名片书写城市记忆　　　　　　　　　　　　　/ 050

2024.2.7【第十三封信】
　　以文塑旅，乐享山水清音　　　　　　　　　　　　/ 055

2024.2.7【第十四封信】
　　坚定步伐　福暖人民　　　　　　　　　　　　　　/ 059

2024.2.8【第十五封信】
　　走中国式现代化的乡村振兴道路　　　　　　　　　/ 064

2024.2.8【第十六封信】
　　在这里，现代化故事才刚刚开始　　　　　　　　　/ 069

2024.2.9【第十七封信】
　　芜宣机场：助力芜湖飞得更远　　　　　　　　　　/ 075

目录

2024.2.9【第十八封信】
　　津沽大地　光芒万丈　　　　　　　　　　　　　　　／079

2024.2.10【第十九封信】
　　家乡变化万千气象　　　　　　　　　　　　　　　　／083

2024.2.10【第二十封信】
　　把中国式现代化书写在祖国的北疆大地上　　　　　　／087

2024.2.10【第二十一封信】
　　副中心崛起绘宏图　现代化风采展新篇　　　　　　　／091

2024.2.11【第二十二封信】
　　天地荡春潮　征途扬风帆　　　　　　　　　　　　　／096

2024.2.11【第二十三封信】
　　历史与现实的交汇，我们昂首阔步新时代　　　　　　／101

2024.2.12【第二十四封信】
　　我的阿勒泰　　　　　　　　　　　　　　　　　　　／104

2024.2.12【第二十五封信】
　　生而逢盛世　谱写新华章　　　　　　　　　　　　　／109

2024.2.13【第二十六封信】
　　以萤火举光　展家乡伟业　　　　　　　　　　　　　／113

2024.2.13【第二十七封信】
　　循迹知变　见微知著　　　　　　　　　　　　　　　／118
　　——寻找中国式现代化在家乡的生动体现

2024.2.14【第二十八封信】
　　由老一辈的故事看中国式现代化　　　　　　　　　　／123

2024.2.14【第二十九封信】
　　现代化灯火点亮百年港城　　　　　　　　　　　　　　　　／130

2024.2.15【第三十封信】
　　东北振兴，沈阳在路上　　　　　　　　　　　　　　　　　／135

2024.2.15【第三十一封信】
　　于太湖明珠望中国道路　　　　　　　　　　　　　　　　　／141

2024.2.16【第三十二封信】
　　富裕阳光之城：绘就现代版《富春山居图》　　　　　　　　／145

2024.2.16【第三十三封信】
　　古城新貌　盛世繁华　　　　　　　　　　　　　　　　　　／150

2024.2.16【第三十四封信】
　　你好南昌，你好现代化　　　　　　　　　　　　　　　　　／155

2024.2.17【第三十五封信】
　　大同古都换新颜　城市发展开新篇　　　　　　　　　　　　／162

2024.2.17【第三十六封信】
　　大雅秦皇海韵　畅想民族未来　　　　　　　　　　　　　　／168

2024.2.18【第三十七封信】
　　观家乡发展之力　赴青春奋发新程　　　　　　　　　　　　／174

2024.2.18【第三十八封信】
　　现代化的花，开满浙北之乡　　　　　　　　　　　　　　　／182

2024.2.19【第三十九封信】
　　望来时路之浩荡　盼未来征途璀璨　　　　　　　　　　　　／188

2024.2.19【第四十封信】
　　稽山鉴水　共富人居　　　　　　　　　　　　　　　/ 192
　　　　——绘就中国式现代化下的《富春山居图》

2024.2.20【第四十一封信】
　　半城烟火半城仙　东南有海浩无穷　　　　　　　　　/ 196

2024.2.20【第四十二封信】
　　贫困乡喜迎富足年　小县城折射大发展　　　　　　　/ 203
　　　　——"小候鸟"的观察日记

2024.2.21【第四十三封信】
　　因交通而发展，新时代九达天衢再书华章　　　　　　/ 210

2024.2.21【第四十四封信】
　　新街镇的蝶变：现代化春风下的田野新绿　　　　　　/ 214

2024.2.22【第四十五封信】
　　古榕新梦　　　　　　　　　　　　　　　　　　　　/ 218
　　　　——有福之州谱写新时代华章

2024.2.22【第四十六封信】
　　从旱海到活水　　　　　　　　　　　　　　　　　　/ 226
　　　　——我的家乡西海固

2024.2.23【第四十七封信】
　　古镇焕新颜　　　　　　　　　　　　　　　　　　　/ 231
　　　　——从红色古镇到五彩新城

2024.2.23【第四十八封信】
　　不负青山　方得金山　　　　　　　　　　　　　　　/ 238

2024.2.24【第四十九封信】
　　山海作答新画卷　奋楫笃行新征程　　　　　　　　　　/ 243

2024.2.24【第五十封信】
　　于千年盐湖，看家乡现代化　　　　　　　　　　　　/ 249

2024.2.25【第五十一封信】
　　傩舞祈丰收　古镇焕新颜　　　　　　　　　　　　　/ 253

2024.2.25【第五十二封信】
　　春风十里长　筑梦造故乡　　　　　　　　　　　　　/ 258

心系人民　造福桑梓

——中国式现代化在家乡建设中的生动诠释

亲爱的老师们、同学们：

见字如晤，展信舒颜。

日历翻开2024的篇章已有一月，彼时旧岁已展千重锦，我国在现代化建设的道路上已然取得全面而显著的成就。我的家乡镇江也受到中国式现代化的积极影响，近些年不断朝着高质量发展的目标迈进。

此番回乡，不同于以往沉溺于轻松逍遥的假期生活，我特地探访了一些地标，视角也从普通的返乡大学生切换到"肩担国之使命"的传媒人，对于家乡的变化有了更加深刻的感知，我不禁慨叹："我辈有幸乘着时代的东风，以微毫诠释盛大，在最细枝末节的生活里也能体会到幸福的旨趣！"

途经苏南运河镇江段，我惊异于船舶数量的陡然增加！询问了这边的工作人员后才知道，这里的年货运量达一亿多吨，通航能力由原先的500吨级船舶提升为1000吨级，已经成为京杭运河运量最大、密度最大的航段之一。我的家乡依山傍水，经济的发展离不开水运的支撑，水运发展得宜后，城市的灌溉防洪能力以及防洪生态景观也会相应得到改善。为了更加深切地感受家乡在水运建设上日新月异的变化，我时隔数年再度登上通往扬州的汽渡。船上有搭乘当地私家车渡河的游客，有推着电瓶车的上班族，有骑着载有满篓子蔬菜的三轮车的沿途村民，也有很多像我一样步行着来感受生活的居民,大家都于南方湿冷的冬天里相聚在这笼罩着薄雾的船上,挤在一起的时候,身体是暖和的,心里更是热乎的。民生安泰,这便是最好的写照!

我又来到了南徐大道,这里是镇江市政府所在的片区。现在的南徐区已经完全成了城市副中心和行政、体育、文化中心,实现了主城区与新城区的互动连接。再次走在南徐区宽广的大道上,移步换景,犹如一幅恢宏画卷铺展开来——南山绿道、枣林河风光带、凤凰河风光带已经成为市民运动、休闲的绝佳场所;高铁南站、体育会展中心、职工文体中心、规划展示馆已经发展为市民耳熟能详的城市新坐标。南山风景区也经历了整修,很多水泥厂和采石场被迁移或关闭,露天烧烤被取缔,"山中村"也被迁移,实现了退田还林。南山,这个被誉为"城市绿肺"的地方,正在以全新的面貌展现其魅力。

我从来没有在冬天去过南山绿道,这里原是夏夜大家饭后消食纳凉的好去处,但此次我惊讶地发现,即便在寒冷的冬天,这里的人也绝对不比夏天的少。寒假到了,小孩子放假了,大学生也返乡了,大家都裹着毛茸茸的棉袄,慢悠悠地走在路上,一边聊天一边商量着年货的事,我的耳边也时不时飘过几句"炒货、腌肉一定要满上""一定要给她尝尝肴肉和酱菜,不怕她吃不惯""明天早上我们去吃长鱼腰花(锅盖)面"。如果说夏天的绿道为热爱运动的居民提供了天然操场,那么冬天的绿道则像是为所有满载团圆和欢喜回家过年的游子打造的移动茶馆,两种截然不同的氛围,共同绘就了人民安居乐业的幸福图景。

我的家乡有三个5A级景区,分别是金山、焦山和北固山,绝大多数来镇江旅游的旅行团都会将行程安排在这三个景点,因为它们凝聚着镇江几千年来的历史和文化。此外,西津渡文化古街旁唐宋以来的青石街道、元明的石塔,以及晚清时期的楼阁都完好地展现在大家面前,这些年家乡对历史文化传统的保护力度很大,这也是现代化建设中国式表达的充分诠释。这些地方是我从小到大春游、秋游一定会安排的景点,那天和旧友聊起还在说已经有数十年不曾去过，小时候已经看腻了的场景，时隔数年再度踏足的时候，忽觉焕然一新。新的不是楼宇庙堂，而是更加便利的景区设施，更多文创产品入驻加盟，更多从前未被开发的景点如今也大气地呈现在游人眼前。我们都情不自禁地感慨，家乡的旅游业发展得越来越有范儿了！

从秦汉到民国，镇江历史悠久，但在中国式现代化的指引下，这座城市并没有故步自封于历史的辉煌，而是以城市现代化的姿态展现着全新的面貌，历史文化与城市现代化相互交融，历史遗迹、诗词文化、书法篆刻等元素交相辉映，吸引着五湖四海的游客感受这座"被老天爷追着喂饭"的城市。

人民日益实现获得感、幸福感、安全感，是中国式现代化建设道路最生动的注脚。老城区，老街道，是归属感，是烟火气，是回忆，是确幸。在中国式现代化建设的路上，家乡并没有为了追求经济发展而彻底摒弃一代人的回忆，漫步在家乡的小径上，我依然能够追索到童年的影子，很多从父母辈就开着的老店依然生生不息，连位置都不曾变过。但同时，大型商场里也新开了很多全国连锁的店铺，越来越多的品牌愿意入驻这座小城市，足见家乡的经济发展卓有成效！公交路线变得更多，市民出行更便利了，令我惊喜的是，镇江的公交车一定会等所有的乘客都坐定或站稳了才会启程，给这座老龄化加剧的小城市又增添了一抹温情。

我的家乡经历的现代化建设，是中国绝大部分城市的现代化之缩影。城市不仅是现代化进程的核心动力，还承载了超过9亿城市居民对更好生活的渴望。追求城市高质量发展的过程不能仅仅满足于增加物质资源、建设高楼宽路或简单地追求GDP的增长，更重要的是始终将人民群众的利益放在首位，关心他们对城市高质量发展成果的真实感受。只有这样的城市，才能真正满足人民对美好生活的需求，并在"人民城市"理念的指导下，实现高质量发展，为中华民族伟大复兴提交一份令人满意的答卷。

春光骀荡，国步龙腾。新年春天的号角即将奏响，中国式现代化建设也将继续向着更高质量发展前进。我将怀揣着最浓烈的祝福和祈盼，愿家乡以及所有华夏区域的百姓安泰喜乐，共享中国式现代化的成果，共筑中国式现代化的辉煌！

2023级国际新闻学硕士研究生

陈沫含

2024年2月1日

书于镇江家中

所有的只争朝夕，都是为了这里的日新月异

亲爱的老师们、同学们：

展信安。

岁末新春，龙年将至，给大家拜个早年！祝愿大家阖家幸福、顺遂安康。

2024年注定又是在中国历史上铭刻坐标的一年：我们即将迎来中华人民共和国成立75周年和澳门回归25周年。回望过去，我们党领导全国人民创造了世所罕见的经济社会发展奇迹和社会长期稳定奇迹，这是"中国式现代化"的"根"；面向未来，我国决心把"中国式现代化"作为最大的政治，坚持以经济建设为中心，聚焦高质量发展，锚定中华民族伟大复兴的宏伟蓝图，这是"中国式现代化"的"魂"。根魂所系，乃是中国之治。

首先我们需要明确一下什么是"中国式现代化"。中国式现代化是人口规模巨大的现代化，是全体人民共同富裕的现代化，是物质文明和精神文明相协调的现代化，是人与自然和谐共生的现代化，是走和平发展道路的现代化。内容涵盖何其广泛，语句排比何其精巧。当你一气呵成读完上述定义后，我希望你停下来，再更认真地读一遍，因为我接下来要分享的故事，便是上述内容最核心的注脚之一。

时间回到2022年8月，因为学院项目的机缘巧合，我有幸和同班的寒洁、冀扬、杨昊来到了一片热土——袁家村。

袁家村小吃街

这里地处陕西关中渭北,全村土地不足千亩,农户仅62户,人口不过300人,以前是有名的"贫困村",2000年以后更是逐渐沦为典型的"空心村"——五小企业逐步淘汰,袁家村发展面临困境。2007年,新任袁家村党支部书记郭占武带领全村发展乡村旅游。十余年磨一剑,从一日游到多日游,从度假游到深度游,从"本村振兴"到"走出去战略",袁家村以关中文化为根本,打造农民创业平台,成立农民合作社,助力优势项目产业化,用行动诠释着"奋斗者"最美的模样。小小村落吸纳创业就业3000余人,带动周边万余农民增收,探索出了一条乡村振兴的新路子。袁家村2021年游客接待量达660万人次,旅游总收入达10亿元,村民人均纯收入在15万元以上,成为全国乡村振兴的样板村。

经过前期了解,我们对袁家村"精品民宿"的发展感怀不已。大家有所不知,2010年,为解决"怎么留住人"的问题,袁家村以原先的关中民俗风情游为依托,全面升级发展乡村度假,打造民宿和精品客栈。截至2022年,袁家村有各具风情的精品客栈30余家,带动百余人就业。我们当时采风所住的"生活客栈",就是袁家村第一批精品客栈中的一处,开业于2014年。该客栈的装修融合了新中式与波希米亚风,房间名以"芷"为索引,比如"芷歌""芷诗""芷琴""芷赋"等。

袁家村村民正在制作陕西小吃

通过与客栈工作人员交流,我们发现,在客栈的管理和服务队伍中,既有土生土长的陕西人,又有来自他乡异地的外乡人,但当站立在这片土地上时,他们便拥有了共同的身份——袁家村人。他们的成长之路,也是袁家村乡村振兴之路上关键的一程。他们是我接下来要讲的故事的主角。

【张雷】

> 目标从不遥远,一步步一天天,只管全力以赴,剩下的交给时间。

张雷是来自咸阳市礼泉县的80后,年少有为,一表人才。除了陕西人外,他还有个特殊的身份:袁家村的女婿。张雷是做旅游的,工作特别忙。2016年以前，他国内国外两头跑，顾不上家。后来有了孩子，加上近些年来袁家村在发展创新上持续发力，赶上了乘势而上的好时代，创造和搭建了很多平台，张雷便选择回乡创业。他的里居精品民宿客栈便是他在袁家村的第一份杰作。

为助力袁家村发展，进一步提升服务质量与水平，张雷近期对岳父在袁家村的老房子进行了改造，开始创作他的第二个作品——里想精品民宿客栈。该客栈现已装修完毕，开始对外营业。

提起袁家村和他的工作，张总满是自豪和感慨，滔滔不绝地讲起来。他介绍说，在郭占武书记的带领下，袁家村在实战中总结经验，解决困难。为进一步推动发展、释放活力，袁家村形成了业态自治模式，成立了民宿协会，他有幸担任会长。现在，袁家村的特色民宿已经是一张名片，成为当地文旅产业发展的重要抓手。最近，民宿培训中心也正式成立，意在通过正规而完善的培训提升袁家村民宿的对外影响力。

我们问张总回到家乡创业后什么最让他感到幸福，正陪着妻女在自家"里居"小院中喂鱼的张总笑了笑，又看了看身旁的家人："在袁家村的这些年，收获更多的是对乡村旅游的热爱，中间也经历过内心的纠结，但做下来（发现）越来越多的人在认可你，家人在支持你，我就觉得很满足。所有的一切都来源于袁家村的平台，在奋斗的过程中，我也提升了对乡村振兴的理解。"

【杜丹】

佛经说"慈悲喜舍"。我在袁家村开了一家名为"喜舍"的茶宿，就是希望我们都能"遇名利而淡薄，遇困境而释然"。

杜丹是咸阳市礼泉县人，大学毕业后一直在市里的银行工作。因为偶然的机会，她和闺蜜来袁家村旅游，没想到"来了就走不动了"。她发现自己非常向往袁家村的生活节奏与方式，于是在2017年毅然辞职来袁家村创业，并举家搬迁至此。现在,她白天和丈夫管理茶宿,晚上等女儿放学后,一家三口便一起下厨做晚餐,饭后带着小猫坐在院子里喝茶。

杜总知性又和气,民宿里到处飘散着茶叶的香气。当我们问到她的这份创业勇气时,她笑着说:"是袁家村给了我力量。"在这里,她可以把自己喜欢的事情当成事业来做,并且有宽松的政策环境和志同道合的朋友。在经营民宿的过程中,她可以将生活与经营融为一体。

张雷和杜丹,只是数百袁家村人的代表。行走在袁家村的任何地方,随便停在某位村民的面前,跟他聊上几句,你就能听到那满是自豪的语气和几乎如出一辙的感恩:"是袁家村成就了我。"

杜丹在喜舍茶宿

的确如此。

老师们,同学们!

党的十八大以来,以习近平同志为核心的党中央团结带领全国各族人民取得历史性成就,国家发生历史性变革,如期全面建成小康社会,实现重大历史性飞跃。袁家村作为中国乡村旅游示范村,在巩固拓展脱贫攻坚成果、全面推进乡村振兴过程中书写了浓墨重彩的一笔。

我们深入袁家村学习、体验,被浓厚的关中风情吸引,被好客的关中人民温暖,被特色的关中美食诱惑,被各异的关中民宿震惊,被卓越的袁家村发展变革深深打动。重温"来时路",我们不敢忘那些奋进的岁月;

开辟新征程，我们不能忘坚持到现在的勇气、初心与执着。宏大的叙事下，是每一个个体的拼搏与坚毅。"中国故事"与"中国式现代化"，从来不是遥远而神秘的纸上名词，它们的背后是一个又一个平凡而伟大的中国人民，他们用智慧、勤劳与汗水书写着属于自己、家庭、社会与民族的英雄主义；它的背后是中国人的骨气和精神，千百年来，传承不灭。无数个时刻，我们和创造这些伟大名词深刻意义的人们站在一起，我们感动，我们振奋。

袁家村的乡村振兴之路，是中华民族和中国人民的逐梦、圆梦之路。这里产业兴旺，一二三产业融合发展的模式推动形成可持续发展链条；这里生态宜居，因地制宜转化资源发挥本土特色优势；这里乡风文明，人们勠力同心"撸起袖子加油干"；这里治理有效，在党旗指引下培育以农民为主体的主力军；这里生活富裕，探索出一套乡村振兴的"袁家村模式"……是时代孕育了袁家村的奋起，是每一位袁家村人把复兴当事业、把发展当使命，用全部热血去捍卫心中的信仰。

袁家村的故事只是中国历史发展洪流中的小小一环，他们或许与你我不相识，或许说不出华丽的辞藻，但他们的背后，是千千万万个中国人，连接着千千万万个中国梦。

向他们致敬！

向所有奋战在巩固脱贫攻坚成果和推进乡村振兴事业一线的中国人致敬！

向中华民族致敬！

新春之际，愿我们铭记"所有的只争朝夕，都是为了这里的日新月异"。

2020级广播电视编导（电视编辑方向）本科生
王雪莹
2024年2月1日
书于北京家中

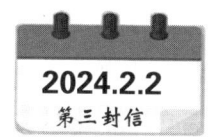

以旅行者的心态，重新认识家乡

亲爱的老师们、同学们：

见字如晤，展信舒颜。

今年回家，沈阳变得让我感觉有点儿陌生了。

在我的记忆里，沈阳从不是个旅游城市，有名的景点似乎一只手就能数得过来，去过了好像也就没有多新鲜了。入冬后，凛冽的寒风吹过皑皑的白雪，吹过晶莹的雾凇，吹过林立的烟囱和四塔周围袅袅的香云，吹到路人红扑扑的脸上，留下几分让人清醒的刺痛感。天黑得早，下班的人们哈着白气，步履匆匆地往家走。灯光亮起后，街上也就渐渐安静下来。所以，我的寒假常常是刚回来看见雪兴奋几天，便开始裹着睡衣窝在家里囤积脂肪，安然享受着暖气带来的温暖，等待春天的到来。

去年年末有朋友问我沈阳哪里好玩时，我竟说不出个一二三来。他们回来后，我问及去沈阳的见闻，他们说这个地方好玩、那个东西好吃，我居然全没听过。我有点儿惭愧，也有点儿惊讶：到底是沈阳变了，还是我这个"土著"对沈阳太不熟了？

今年年初，东北旅游火爆出圈，文旅产业蓬勃兴盛，这"泼天的富贵"也传到了沈阳。一批批游客慕名前来，这座转型中的工业城市也不断焕发出新的生机与活力。沈阳推陈出新，盘活资源，打造独特景观。在沈阳老北市，全新升级的"龙行龘龘，凤舞九天"大秀轮番上演，30米长的实体巨龙"一飞冲天"，光彩夺目。沈阳方城、小河沿早市火爆出圈，摊位前挤满了来自四面八方的游客。曾经的工业老厂房摇身一变化身文创园区，成为旅游新地标，焕发着新的活力。面对来自五湖四海的游客朋友，沈阳全城一心，释放出沈阳人的热情和善意：市民自发组织志愿车队，免费接送外地游客；部分餐厅为外地游客赠送特色菜；机场送毛巾、故宫送糖葫芦……花样频出，主打"宠粉"。

沈阳文旅部门主打一个"听劝"，对热心市民和游客的每份"喊话"都有求必应，真诚回复"马上安排，必须办"。沈阳市文旅局局长刘克斌在线"听劝"，几小时内就把"沈阳站"的名字恢复为"沈阳站站"，成就了全国最萌地铁站打卡地；游客反馈没地方寄存行李箱，沈阳"马上安排"；游客说辽宁省博物馆游览的人太多，休息座位不够，沈阳"立马加量"；游客希望沈阳西塔特色街过年期间正常营业，沈阳"抓紧协调"……沈阳文旅的崛起不仅在于景点和活动的丰富，更在于真诚待客的文旅服务"内功"。文旅的"长红"绝不囿于几条回复、几则意见，更是城市治理思路的转变。

于是，习惯于猫冬的我也耐不住好奇，走出家门，跟着外地游客的脚步把沈阳重新玩一遍。照着网上的攻略，找没去过的馆子啃盘鸡架，晚上在夜市吃口炸串；去大澡堂体验洗浴文化，放松一整天；逛逛老工厂厂房改造的文创园，感受工业风格与文艺气息的结合；挤进中学之后再没去过的冰雪大世界，在雪圈飘逸溅起的雪浪上放肆叫喊。老北市"凤舞九天"的表演、关东影视城的迎春灯会、地铁里的窗花和对联……这些新鲜事物让我这个沈阳"土著"也开了眼。

为什么说我对沈阳熟悉又陌生？熟悉的是我理所应当地认为它是我记忆中那应有的模样，陌生的是我只识其一不识其二，从未花费时间与精力去了解它的新发展。

其实，沈阳文旅发展的步伐早已开始迈动。不局限于冰雪旅游，沈阳还做了非常多存量盘活和增量的创新，不断用互联网思维做文旅、做文化景区、做街区消费、做场景打造。大家拧成一股绳、憋着一口气，提了多年的东北振兴在各行各业的努力下，正逐渐变为现实。

中国式现代化强调在现代化建设中保持文化特色和民族自信，而传承和创新地方传统文化和地方特色文化在其中发挥着重要作用。文旅融合发展更是推动中国式现代化的重要路径之一，为中国式现代化提供了宝贵的机遇。伴随着文旅业的发展，沈阳这座东北地区最大的工业城市似乎一夜之间被"激活"。通过将地方传统文化、特色文化融入旅游产业活化利用，从新兴产业到营商环境，从民生保障到城市建设，沈阳都开启了崭新的篇章。

2024年是中华人民共和国成立75周年，是实现"十四五"规划目标任务的关键一年。习近平总书记在2024年1月4日召开的中央政治局常委会上指出，要紧紧围绕推进中国式现代化这个最大的政治，紧扣一个"实"字抓好党的二十大战略部署的贯彻落实，为推进强国建设、民族复兴伟业作出更大贡献。相信2024年的沈阳，不只是文旅，一切都会变得越来越好。相信2024年的中国，将会在推动高质量发展中展现新气象，在全面建设社会主义现代化国家新征程上开创更加美好的未来。

贾樟柯在访谈里说道："我真正获得故乡，其实是因为离开了它。"我在沈阳生活了18年，只是沿着求学的轨迹和生活的惯性向前走。也许是离得太近、缺乏参照，到如今才发现，我对我的家乡似乎依然缺乏了解。

当我走出固有的生活半径，重新观察眼前的城市，反思自己的记忆，我才发现了更多独属于沈阳的温度、趣味和烟火气。结合专业的视角，我也开始进一步理解家乡，理解人与人之间的关系，并重新认识自己。这也许就是成长的意义之一。

生活不止诗和远方，还有眼前的酸菜血肠锅包肉；人生是旷野，架不住还得加点抻面鸡架小烧烤。希望大家有事没事多出门走走，看看家乡的新变化，多吃几道地道的家乡菜，在氤氲的香味中体会家乡升腾的烟火气，以旅行者的心态重拾生活的新鲜感。

最后，欢迎大家有空来沈阳，站站！

2023级国际新闻学硕士研究生

黄睿思

2024年2月2日

书于沈阳家中

看清前路　不忘来处

亲爱的老师们、同学们：

展信安！

过去的一年里，我发现朋友圈里大家的生活比往年要丰富多彩许多，其中最多的内容一是四处旅行、走亲访友，前有全国人民"进淄赶烤"，后有"南方小土豆"勇闯东三省；二是线下活动、文体盛会，各地的演唱会如雨后春笋，成都大运会、杭州亚运会精彩纷呈。

2023年是全面贯彻党的二十大精神的开局之年，从朋友圈的小小缩影中，我们可以欣喜地看到全国经济稳中向好，旅游业、餐饮业、文化艺术行业迅速复苏，人民的精神文化生活丰富多彩。不仅如此，过去一年，全国粮食总产量再创历史新高，喜获丰收；国产手机"遥遥领先"，一机难求；神舟十六号、十七号载人飞船顺利升空，翱翔寰宇……我们正在全面建设社会主义现代化国家的新征程上稳步向前。

"我们的目标很宏伟，也很朴素，归根到底就是让老百姓过上更好的日子。"习近平总书记的话语温暖而又深刻。中国式现代化，是以人民为中心的现代化，听起来很宏大，但其实离我们并不遥远。中国式现代化是老百姓能切切实实感受到的现代化，是越来越多的孩子能在窗明几净的教室中读书，是越来越多的家庭不再为老人的就医、养老发愁，是越来越多的年轻人能在热爱的工作岗位上大展拳脚……它在受到细心呵护的青山绿水间，在热闹繁华的街头巷尾里，也在充满欢声笑语的千家万户中。

回望过去的2023年，我也时常收获这种向"更好的日子"不断靠近的喜悦。作为一个"仰泰山之高"长大的山东人，最令我惊喜的，莫过于五湖四海的人们纷纷来到齐鲁大地"进淄赶烤"。淄博这座曾经并不起眼的城市，这一次稳稳地接住了全国人民澎湃的热情与期待——开设烧烤专列、严控涨价溢价、建立民意平台……我和朋友也再次来到淄博，与我十年前来到这里的感受截然不同，曾受冷落的齐文化历史遗址有了众多游客参观、打卡，路边烧烤摊的谈笑声、碰杯声此起彼伏，整座城市都洋溢着热情与活力。在这个"网红"容易"塌房"的时代，淄博用体贴周到的行动诠释了"真诚是永远的必杀技"，让"泱泱齐风，美美齐地"历古而弥新，再次绽放出夺目的光彩。更重要的是，淄博经此热潮沉淀了出色的城市口碑，让自身从"网红"走向"长红"，也为全国各地提供了可借鉴的文旅服务方式和城市治理模式。

古人有言，"度之往事，验之来事，参之平素，可则决之"。中国式现代化从来都不是凭空生发的，而是有着深厚的历史与文化基础，是马克思主义基本原理同中国具体实际和中华优秀传统文化相结合的产物，其路径、理念与追求中处处彰显着中华文明中特有的礼乐文明、道德理想、价值取向，凝聚着一代代为中华民族伟大复兴而奋斗的华夏儿女的汗水。

新华社在2024年的新年贺词中写道："溯历史的源头才能理解现实的世界，循文化的根基才能辨识当今的中国。"我们这代青年人"生在红旗下，长在春风里"，总是在见证祖国日新月异的发展，没有经历过祖国最艰苦卓绝的时期。然而，看似寻常最奇崛，成如容易却艰辛。中华民族能有今日之发展实属不易，我们需要全面、深刻地学习中华民族五千载的历史画卷——从茹毛饮血的原始部落到万国来朝的盛唐气象，从闭关锁国的蒙昧政策到开天辟地的中国革命……唯有不忘昨日之来处，方能看清明日之前路。正如习近平总书记所说，"什么时候没有困难？一个一个过，年年过、年年好，中华民族5000多年来都是这样"。中华民族的发展道路从来都不是一马平川的，但不论过去、现在还是未来，我们都有底气迎难而上，这底气正来自泱泱华夏5000多年来从未断绝的历史文化底蕴，来自几度经历血与火的磨难而从未屈服的中华民族精神，来自中国式现代化深厚、广泛的历史基础、文化基础、群众基础、政治基础。

关关难过关关过，国家如此，个人亦是如此。2023年6月，我有幸作为电视学院学生导演团队的一员，参与学校的毕业典礼。在典礼尾声，毕业生们在场内高声合唱校歌，灯光打在他们意气风发的脸上，晶莹剔透的泡泡飘满全场。我站在主控台上看着这一幕，以为青春的关口总是可以这样得意、顺利地跨过。转眼间，我也成了一名毕业年级的学生，择业、就业、考研、留学成为摆在眼前的问题。最近一段时间，我听闻周围许多同学都收到了满意的录取通知，即将进入新的院校学习或是踏入社会工作。为大家高兴的同时，我也深知走出"象牙塔"并不是一件容易的事情，迷茫、困惑、焦虑时常伴随着我们，快节奏、高压力的社会有时会让我们萌生"佛系""躺平"的念头。可若沉溺于空想，那便会阻滞自己向前的脚步；若是早早"躺平"，那便会错过人生精彩的风景。须知挫折、遗憾都是人生常事，我们能做的便是"莫听穿林打叶声，何妨吟啸且徐行"。无论过去的一年是否付出了足够的努力，或是否取得了满意的结果，新的一年我们都不能再沉湎过去、畏惧将来，而要将自身理想与时代呼唤相结合，如此方能获得最广阔的舞台与最深厚的力量。

各美其美，美美与共。这一年，身边的幸福与喜悦时常将我们围绕，远方的战火与哭声也声声传入耳中。中国式现代化不仅致力于造福中国人民，还期待与世界各国共同实现现代化，高举和平、发展、合作、共赢旗帜，推动构建人类命运共同体。

最近，我4岁的弟弟李多多开始有了"中国"和"外国"的概念，他经常指着世界地图上的国家，让我给他讲讲"这是哪个外国，好不好玩"。有一次，我在刷短视频，李多多也凑上来看，里面讲到了缅甸"割腰子"的组织。没想到第二天，李多多便把"割腰子"三个字传遍了幼儿园全班。我哭笑不得地问他："为什么要跟小朋友说这些？"他理直气壮地回答："我怕他们上当受骗啊！"好吧，他也是一片好心。但我通过这件事深刻认识到，即使是幼儿园的小小"舆论场"中，偏激、猎奇的观点也有如此大的影响力。

后来，李多多又问我："中国和外国是不是好朋友？"

有了上次的教训，这一次，我得客观、平衡地回答他。思考片刻后，我说："中国是个和平、友好的国家，愿意和世界各国都做好朋友。"

我们即将迎来农历甲辰龙年，中国人常说"瑞雪兆丰年"，上周青岛下了大雪，我也登上崂山一睹雪景，为来年讨个好彩头。在此辞旧迎新之际，衷心祝愿老师们与同学们，在新的一年里以生龙活虎的精神、龙行虎步的姿态和龙骧凤翥的才干，开辟一方新天地！

2020级广播电视编导（电视编辑方向）本科生
李婷萱
2024年2月2日
书于山东青岛家中

一篇与我同龄的日记
——我记忆中的中国式现代化

亲爱的老师们、同学们：

新年将至，快雪时晴，预祝大家春节快乐。很荣幸能写下这封信，与大家共话。

我时常觉得，能够在有生之年迈入中国式现代化的大门，是一件幸运且幸福的事。但美中不足的是，生活在新的历史节点上的人们，虽拥有广阔而清晰的视野、新鲜而多姿的生活，却不得不接受时代记忆的日渐模糊。"好记性不如烂笔头"，趁着自己的头脑还算清晰，我希望通过下面的文字，跟大家分享一些被我视若珍宝的成长故事。

时至今日，因为将红领巾落在家里而汗流浃背的日子仍历历在目。儿时的日子大多色彩斑斓，但总有一种颜色是特殊的，每时每刻都映进我的瞳孔。我们学会高唱国歌的那一天，想必已经早到大多数读者都难以记清了。我们的祖国同我们一样，正在经历成长的坎坷与崎岖。也许革命的枪炮声已经渐行渐远，和平的音符已经随处可闻，但中国人从未停止过追忆那一段艰苦奋斗的峥嵘岁月。我们追随红色，并非由于它的鲜艳，而是因为它的炽热在历史洪流无垠的冰冷中为渺小的、浮沉的我们燃起了一团篝火。如今，鲜红的党旗代表中国式现代化当之无愧的领导力量继续引领正确的航向。十分荣幸的是，红色虽不再系于我的脖颈之上，但仍别在我的胸前。

或许有的同学和我一样，偶尔会因为一张答不完的试卷从梦中惊醒，在"劫后余生"中暗自庆幸。十几年前，我们迈入教室的动力也许是一支全新的自动铅笔，抑或是体育课上宝贵的自由活动半小时；十几年后，我们怀念的却是语文课本上感人至深的故事。从第一个汉字、第一道算术题，到第一篇作文、第一部作品，教育赋予我的不仅仅是生存的能力，还有观察世界、展望未来的眼光。知识是人类文明前进的铁轨，我们在对自然、生命以及社会的探索和学习中不断完成对自我的超越。正如刘慈欣在《乡村教师》中所想象的，在浩瀚的宇宙当中，教师的存在或许是人类独有的文明奇迹。义务教育的全面普及在广袤的中国大地上播撒的不仅有知识的种子，还有属于每一个孩子成长过程中的无限可能。如今，我的同窗好友已经奔赴世界的各个角落继续自己的求学之路，在成长中共同期盼在家乡的重聚。

"去看一场电影吧！"在我看来，很少有比它更能让一个忙碌的人感到欣喜的一句话了。2009年的冬天，我第一次走进家乡最古老的电影院，在首次登上大荧幕的喜羊羊面前吃掉了一整包薯片。十五年过去了，不知不觉间，我对于感受光影中的故事已经轻车熟路；也不知从何时起，社交媒体上回顾经典文艺作品的视频和帖子收获了越来越多的留言。我们在动画片的奇幻冒险中收获智慧与勇敢，在小说的生离死别中感受牺牲与奉献。中国人特有的品质与精神，在文化的更新和文艺的耳濡目染中融入每个孩子的血液，又在我们一言一行的尝试中回归生活。中国式现代化所要求的不仅是物质文明的富足，更是精神文明的丰沛。仔细想来，我所珍藏的泛黄的漫画书、落满灰尘的碟片应该仍堆放在家里的某个角落，也可能已经沉甸甸地落到了当下的字里行间。

接下来，我想专门拿出一些文字，来讲讲我与海的故事。

该如何定义大海呢？于我而言，海能够代表的含义实在太多——是烟台这样一座安静的海滨城市，是一股磅礴的自然之力，抑或是等待着人们探索的一处庞大秘境。烟台人对海的情感总是复杂的，从标志性的灯塔顶端向下望，海边皆是《天津条约》签订后外国人留下的红顶砖房。但在张裕葡萄酒的"滋养"下，烟台人用他们的浪漫基因将这些历史的印记改造成了步行街和博物馆。这里记载了列强经济侵略的屈辱往事，也见证了无数孩童和有情人的欢声笑语。如无意外，我将来肯定要在这里拍一张婚纱照和一张全家福。

烟台市区西洋建筑群

木船划出的是渔村，巨轮驶回的是港城，大海见证了胶东人民从自给自足到走向世界的创业之旅。某个日出时分，在海边散步的父亲发现了海平面上悄然出现的"深海一号"能源站。"那是什么建筑，海上餐厅吗？""怎么可能，一定是个码头！"就在老百姓七嘴八舌的讨论中，每天有1000万立方米的深海天然气从这里送达了千家万户。谈及生活条件的改善，或许常年蹲守海边的鸥群也有发言权——游客们带来的一日三餐已经不再是糟糠，早已改为面包和淀粉肠了。时不时拍向岸边的激浪难免让人心生恐惧，但与此同时，黑暗冰冷的水底却孕育了永不停歇的生命循环。烟台的食客一定最爱秋天，因为海不仅能驱散夏日的酷热，更能满足人们的味蕾。

不管陆地上的城市如何变迁，海依旧在亘古不变的规律中潮起潮落。这种单一却富有魔力的节奏能够经由眼睛、耳朵流入大脑，让人难以察觉时间的流逝，从而久久驻足。自古以来，中国人对于海洋的敬畏之心从未

我和我的父亲

改变，海洋则给予了我们丰饶的资源与探索未知的空间。我们习惯于捕捉现代化的影子，但在陆地与海洋的交界线上，中国式现代化不仅是巨轮、高楼或深海钻井，还可以是一次惬意的海边散步、一次酣畅的举杯豪饮和一次满足的大快朵颐。人与自然的和谐共生，就这样化作生活的点滴，沿着时间的缝隙滑落而下，汇聚到大海的层层浪潮里。

　　回想起与大海的初次见面，是骑在父亲的肩膀上，这张珍贵的照片也一直被存放在我的相册里。因而在信的最后，我想为大家介绍一下我的家庭。

　　我的父亲和母亲来自烟台市的农村，作为村子里为数不多的大学生，他们得以在时代的交汇点走入同一个班级，而我则幸运地成为他们人生中唯一一次校园恋爱的结晶。时至今日，我逐渐明白，我名字中简单的两个字里蕴藏了他们最真挚的祝福与期盼。二十多年以来，我们在平凡的日子里不断耕耘、缓缓收获，也在独属于自己的记忆中歌颂岁月、体悟幸福。中国式现代化不仅是国力的强盛与民族的复兴，也是全国人民幸福感、获得感与安全感的凝集，每个平凡的中国人都是它的贡献者与受益者。正是在这些微不足道的平凡分秒中，人类的思想得以延续、文化得以传承、情感得以交织、命运得以相连，人类命运共同体的美好愿景在万家灯火中逐渐清晰。现代化的终点终究是全人类文明的延续，中国式现代化的未来也绝不会局限在960万平方千米之内，它将越过山川与河流，冲破隔阂与壁垒，遍及世界的每一个角落。

长岛港口的渔船

亲爱的朋友们，我们虽在历史的长河中驾驶着无比渺小的航船，但没有任何一个人是一叶孤舟。无论时代如何变迁，生命的本质从未改变——爱、希望和对美好生活的不懈追求。属于每一个中国人的时代记忆，已经交织成一条伟大的航线，成为人类文明璀璨的注解。正如我家乡的海岸上未曾熄灭过的灯塔，我们终将在红色旗帜的指引下，圆满地完成自己的历史使命，停靠在风平浪静的港湾。

2022级广播电视学硕士研究生

翟一凡

2024年2月3日

书于山东省烟台市家中

碧海掣鲸望巨擎　　云天张翼仰高鹏

亲爱的老师、同学们：

见信如晤。

党的十八大以来，以习近平同志为核心的党中央立足中华民族伟大复兴战略全局和世界百年未有之大变局，统筹推进"五位一体"总体布局、协调推进"四个全面"战略布局，推动党和国家事业取得历史性成就、发生历史性变革。中国式现代化兼具发展包容的世界眼光与中国特色的文化根基。中国共产党数年来沐甚雨、栉疾风、攀青云、展宏图，中国式现代化新道路正越走越宽广。

太湖西岸

我常以为，中国式现代化是筑于宏观、见于微观的大方略、大智慧。十年来，我看着这些磅礴的文字走出白皮书，走进江苏宜兴这个太湖之滨的县级市，成为可知可感的实实在在。寒腹短识，不敢高论，只愿就身边的真实写一些见闻。

就在1月26日，央视综合频道播出了《宗师列传·唐宋八大家》的第九期——苏轼苏辙篇（下）。"誓将老阳羡，洞天隐苍崖。"千年以前，二苏兄弟曾相约夜雨对床，终老阳羡。在情景演绎中，竹山掩翠，雪芽煎茶，二苏未能骈肩抵足、"听雨对床眠"的憾恨终得圆满。而"千年之后仍是宜居之地"的古阳羡——宜兴也从未放弃将东坡先生留下的诗思文脉融入现代化进程的实践。在各地文旅"放大招"的2023年，宜兴依托东坡文化IP，推出了自己的城市文旅宣传片——《坡缘宜兴》，从蛟桥题碑到闸口海棠，从阳羡溪山到东坡书院，宜兴开辟了一条本乎于古而用于今的文化旅游线路。去年12月，中国传媒大学艺术研究院的蒋志琴老师也赴宜兴参加了"苏东坡与宜兴"学术研讨会。

东坡阁

刚刚过去的腊月十九恰逢苏东坡987岁诞辰，我借此由头再游了位于阳羡生态旅游度假区的东坡阁。江南暖冬，依旧是山水环翠，清碧葱茏。阶下绿地上有老人对坐下棋、围桌掼蛋，阁上也有闲人论着"有央视主持人在附近买了房"的"八卦"，言下之意便是说此地山水宜人，生态宜居。难怪东坡也援笔而书："买田阳羡吾将老，从初只为溪山好。"

从东坡阁向西南一路到竹海,十里地界,夹道皆翠。路边有当地村民荷担歇脚,售卖当季的各式土特产。眼下时节,正是腊后春前,五九天气,板栗、百合、笋干甫上市,游客争买,动辄数斤。如果是夏天,自家的杨梅都须赶在梅雨到来之前抢收,那道路边定会有村民挑着担子来卖上几篮杨梅。碰上长假旺季,路上的临时停车区总能停满外地车,这样的临时集市常能从景区入口不远处一直绵延好几公里。

我曾有幸听一位卖母鸡的大姐讲她们家的故事。

"你这鸡怎么卖的?"

大姐笑说:"70一只,一般大小,弗称斤两。"

宜兴新农村风貌

她说她丈夫开过一家砖瓦厂,但废水排放污染严重,有那么几年"河水乌糟,自来水都没有办法吃"。工厂被勒令关停后,夫妇俩思来想去,拿政府补贴加盟了当地的民宿。为了多添一笔收入,自那时起,她便开始售卖自家养的"70一只不称重"的母鸡,直到现在。她年前卖鸡,平时也卖些马兰、苋菜、野蒜,有自家种的,也有山前挖的。村里头不施化肥,这样的绿叶野菜很是抢手。她虽然住在两层小别墅的"新农村",外墙都新刷了白漆,但依然坚持在后院辟一个鸡圈,亲自料理,她的母鸡也总是毛色上佳。

"你看,这里有许多上海车、浙江车,还有北京车。"她蹲坐在马路牙子上,向我指着面前几辆"京""沪""浙"打头的车牌。

去年12月19日,2023宜兴阳羡文旅发展峰会在度假区开幕,探索强化以文塑旅、以旅彰文,推进文化和旅游更广范围、更深层次、更高水平融合发展的新路径。从前地理书上的"产业融合""创新发展""新业态新模式"都在山光水色、历史书卷里具象化:央视直播的淦里水库风光、阳羡Cosplay趣跑、首次举办的阳羡山湖音乐节、两岸中华文化素食节……

淦里水库,竹山梅海

耕稼陶渔,百业俱兴,"小城不小,大事当成"。宜兴在2023年全国百强县级市经济排名中位列第八,全年地区生产总值达2337.53亿元。在发展经济的同时,宜兴推动东坡文化出圈,注重紫砂制壶等非遗技艺的保护传承,将物质文明与精神文明相协调的现代化落到实处。人们都知道,宜兴丁蜀镇不仅有享誉四海的紫砂壶,还有无锡首个A1级通用机场——无锡丁蜀机场。阳羡生态旅游度假区也成了一个"生态国字招牌",在2023年一年中接待游客约2000万人次,讲述了一个县级市践行人与自然和谐共生的现代化道路的经年历程。

浩浩繁繁,知著见微。中国式现代化的风向标引领着市城乡邑勇毅前行,四方八域又再成合力共铸辉煌。在2023年中国县域经济发展大会主论坛上,大会首席专家、中国社会科学院首届学部委员、经济学家田雪原提出了立足中国式现代化全面推进中国县域经济高质量发展的可行思路。在中国共产党的领导下擦亮中国式现代化的县域底色,走

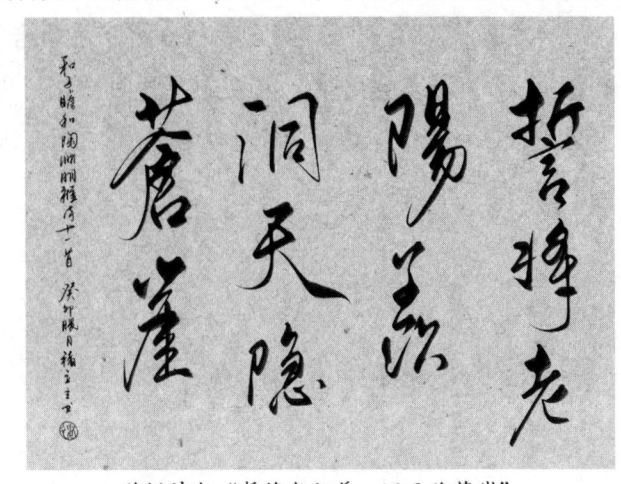

苏辙诗句"誓将老阳美,洞天隐苍崖"

出中国式现代化道路,正如鲲鹏扶摇,力掣鲸鲵,于小处翻波腾浪,于大局击楫中流,尽显大略雄才,江山豪气。

"羽翮已就,横绝四海。虽有矰缴,尚安所施?"中国共产党将带领中国人民在中国式现代化的道路上展眼阔步,行稳致远。愿老师们和同学们平安喜乐,诸事顺心。

约略不尽,敬颂冬禧。

2022级广播电视编导(电视编辑方向)专业本科生

褚立立

2024年2月3日

于江苏宜兴

以青春之色　显家乡之魅

亲爱的老师们、同学们：

　　假期愉快。

　　东风解冻，丽日舒和，正是返乡的好时节！不知最近大家的家乡天气如何？广州这几天氤氲在雾气里，窗玻璃上挂着层层薄纱似的水珠，虽偶尔受点阳光的惠泽，但也让人觉着浑身黏腻。不过没关系，朦胧中的田野异常清新，漫步其中，迎面扑来的是满满的生命力。

　　大四那年，我随家人一起"告噪还乡"，归园田居，虽无晴耕雨读，但亦乐在其中。起初我确实不太适应远离霓虹灯的日常，常常为早起出门通勤而感到身心疲惫，后来倒是沉溺于鸡犬相闻之间，为良田美池而怡然自得。我的家乡位于广东省广州市南沙区西部的榄核镇上，在中国式现代化全面推进强国建设的强力驱动下，这个小镇依托其文化底蕴，迎着粤港澳大湾区和南沙自贸区的发展春风，在当地政府与村民的努力中展现出盎然生机。初还乡时，眼前是一片熟悉又陌生的风景，"客从何处来"之感油然而生；后来，在村民微信群与地方公众号的宣传下，我与家乡之间的障壁逐渐消解，我开始为其物质文明与精神文明相协调的现代化发展现状而惊叹不已。

　　榄核镇一直以来都以"蔗基鱼塘"种养方式为农业发展特色，其农副产品主要为果蔗与香蕉。另外，其还是各类花卉果树的种植基地，在各大迎春花市仍在筹备之际，不少外地人士总会提前来到榄核镇采办新春花卉，年橘、菊花与桃花是其中的人气之王。为了提高花果销量，不少村民纷纷利用短视频与电商平台宣传自家产品,他们以"砍蔗故事"为切入点,书写奋斗拼搏的农民故事,实现收入增长。不负时代机遇,迈向美好生活,村民们用他们的行动诠释出中国式现代化的丰富内涵与丰硕成果。

　　提到返乡,最兴奋的莫过于我的奶奶。过去一直困于喧嚣之中的她,一返自然便开始构思她的菜园蓝图,这种日出而作日落而息、茶余饭后散步赏月的生活,是她梦寐以求的。每逢放假,我亦常常与她在家附近的绿道上散步,这条绿道是当地"美丽乡村"规划的重要组成部分,其沿着小河一直蔓延至镇上,一旁的格桑花与五蕊柳相互依傍,落日映射在红白相间的柏青路上,徐徐清风拂过,松弛感溢于河间。傍晚时分,村民们就来这里散步,累了便在凉亭或长椅上休息,互道当日趣闻,共享自家作物。

黄昏时分的绿道

在中国共产党成立100周年之际，当地政府举办了徒步活动，希望活动参与者在徒步过程中传承红色基因，增强创新活力，让村民们亲身感受小镇生态文明建设的成果；去年夏天，"与星海同行"2023年全民健身徒步活动亦如期而至。踏于其上，眺望榄核河，河水在岸边反复涌动，其势盛而缓，勾勒出人的影子。风急之时，随浪而行；静息之际，赏浮光跃金。

繁花绿道是榄核之美，人文精神亦是榄核之魅。这里是人民音乐家冼星海的故乡，也是非遗技艺"香云纱染整"的传承地，《黄河大合唱》是村民们从小便会哼唱的曲目，香云纱亦在当地传承了六百年，故在爱国主义教育的熏陶与非遗文化的积淀之下，榄核镇大力整合文创资源，并于2015年携手羊城晚报报业集团打造"羊晚星海艺术基地"，充分挖掘文化富矿，推动中华优秀传统文化的创造性转化和创新性发展。基地围绕冼星海音乐文化、非遗香云纱文化与疍民水乡文化进行建设，同时亦是广东人文艺术研究会的"人文艺术创作研究基地"，广州市美术家协会"广州花鸟画写生基地"与中国国家画院、广州画院、广州美术学院的"广州国家青苗画家培育基地"，旨在让参观者在自然风光与人文艺术的交织渲染中赓续星海精神、传承非遗文化。说来惭愧，虽为本地人，但我对香云纱不甚了解，如今虽有展览馆可参观，但仍为以往未能发掘其魅力而深感遗憾。去年，镇里组织了星海文化与香云纱文化课程录制并举办了"进校园"活动，孩子们不仅能够亲身体验香云纱过乌工序，还能自行制作独一无二的香云纱丝绸作品，真是令人羡慕！相信未来在孩子们的薪火相传之下，河涛声定会依旧，云纱影必然长存。

此时我已"归园田居"一年有余，深刻地感受到了这片可爱的水土所孕育出来的人情味。村民们亲切而热烈，他们为生计早出晚归，也为生活亦张亦弛。他们能在冬日凌晨荷锄而作迎接朝阳，亦能在仲夏傍晚举麦而歌呼唤月光。高温与湿热磨炼了他们的意志，手臂挥洒间，杂草灰飞烟灭；绿茵与音乐充盈了他们的灵魂，声洒花田，情溢万丈远。为了满足村民们的精神生活需要，丰富他们的文娱体验，从去年暑假起，榄核镇便举办了"星海故里·百姓大舞台"之"青春旋律·唱响榄核"歌唱比赛，从选拔赛到决赛，历时将近半年，场场尽显村民们的才华。刚返乡时，我较为内向，与奶奶散步时常常不好意思与同村亲友打交道，但在大家的热情感染下，现在的我不仅能在长者群中侃侃而谈，还能应和父母亲朋的盛情邀唱，我想这应该就是乡情的神秘力量吧！

在中国式现代化的道路上，家乡建设始终将全体村民置于首位，将宏观政策与微观举措相结合，从小小果蔗之中提取出助力村镇特色经济腾飞的糖分；同时还为村民提供各种福利与活动，用舞台点亮大家的精神世界。我生于斯，亦为之自豪，它让我懂得何为"千磨万击还坚劲"，亦让我顿悟"坐看云起时"的豁然之境，故未来我必以青春之力为其着笔增色，以奋进之心谱其壮美华章，相信在大湾区与自贸区的蓬勃发展下，家乡未来定能以更持久深沉之力助村民圆幸福梦、铺安康路！

立春已至，年味渐浓，春日暖意悄然赴约，新年钟声即将敲响，此刻大家是在贴春联还是在逛花市呢？提前祝老师们、同学们新春愉快，万事胜意，十分期待大家的精彩故事！

2023级出版硕士研究生

梁雨彤

2024年2月4日

书于广州家中

钢花璀璨映故乡　青春无悔筑华章

亲爱的老师们、同学们：

见字如晤，展信安康。

近日寒假返乡，家乡日新月异的变化让我倍感惊叹，以此书信与诸君共赏。

提及辽宁鞍山，大家首先想到的就是钢铁的硬。郭小川曾在诗集中盛赞："于是在你面前就有两个伟大的事物一同出现；一个是太阳——这宇宙的骄子；一个是鞍钢——这中国钢铁工业基地。"作为全国最大的钢铁工业城市，"钢铁"这个词早已融入鞍山的血脉。在这个辽东半岛中部的小城里，有新中国第一个恢复建设的大型钢铁联合企业和最早建成的钢铁生产基地，这里产出了新中国的第一炉钢水、第一根无缝钢管等100多项"新中国第一"。鞍钢，因此被誉为共和国钢铁工业的长子、中国钢铁工业的摇篮。

前几天，好友来鞍山游玩，我陪他们一起到鞍钢厂区车间，实地参观钢厂生产线，近距离看看"钢铁是怎样炼成的"。儿时参观的记忆依然清晰，我清楚地记得在冶炼工序的各个岗位上坚守的那群"钢铁人"，以及他们面对近在咫尺的1600摄氏度的钢水辛勤劳作、挥汗如雨的身影。他们身穿厚重的工作服，手持工具，面对着高温和嘈杂的环境，日复一日地进行着繁重的工作。被汗水浸透的衣服，满是灰尘和油渍的脸，连同钢花热浪给儿时的我带来了强烈的震撼。但这次的参观出乎我的意料，绿植环绕的厂房近乎空无一人，到处是造型不同的机器人"同事"，过去靠人工完成的原材料上料、成品钢卷入库等工作，现在全部实现了无人化、智能化、精准化、高效化。参观过后，朋友说想再去我之前说的"热火朝天"的产线看看。导游挠了挠头："很难找，现在都是智能工厂了。"好吧，真是现代化的幸福"烦恼"。

一同参观的有一位鞍钢新闻媒体中心的记者，借这个机会，我们向他请教鞍钢集团新媒体中心蝉联中国企业500强新媒体指数榜前十名的"秘籍"。同是传媒人的我们坐在一起聊了很多，给了学习新闻传播专业的我很大的启迪。

他分享道，"底色亮"是讲好鞍钢故事的前提，"讲得好"是传播鞍钢好声音的内核，"融合深"是提高全媒体竞争力的关键。一直以来，鞍钢新闻媒体中心坚持立足中心、服务大局，第一时间通过报纸、电视和新媒体组成的全媒体矩阵将党的声音传达到基层，全方位、多视角报道鞍钢集团各级党组织的好经验、好做法。

俯瞰鞍山城区

作为党和国家未来的传媒人，这让我们非常受用。我们要做到心怀"国之大者"，服务党和国家中心工作，服务国家战略和发展大局，在实践中提高政治判断能力、政治领悟能力和政治执行能力，全过程全链条地将站稳站定立场作为第一要务，善用马克思主义立场、观点和方法分析问题，解决问题。在新的时代环境中，新闻人要不断增强脚力、眼力、脑力、笔力，将我们的新闻事业与党和国家、人民的事业紧密相连，真正做到守正创新。

今年冬天，哈尔滨旅游爆火出圈，我在网上看到了这样一段让无数东北人泪目的话："我们这一代东北人好像生来就是要离开东北的，走出家乡，走出这片看不到尽头的白雪。"人口流失问题严重是东北近十年来的状况，但没有哪个漂泊在外的东北人不思念这片远隔千里的黑土地，在他乡思念着记忆里那抔黑土熟悉的脉搏。这次参观我才发现，原来无论东北孩子身处何地，家乡都从未离我们远去。

现如今，在现代化的征程里，鞍钢在党和国家方针政策的正确引领下，不断突破国外高速钢轨生产技术封锁和市场垄断，攻克了高速钢轨开发的诸多技术难题。截至目前，鞍钢已累计为中国高速铁路、快速铁路、普通铁路供轨3100多万吨，相当于绕地球三圈，铁轨成功应用于京沪、沪昆、西成、广深、海南环岛等多条高铁线，为中国高铁网建设作出了巨大贡献。

我不由得想起李白诗中的"仍怜故乡水，万里送行舟"。原来，我竟不知，家乡始终在奋力谱写新时代中国式现代化的新篇章，将自己的满腔柔情都化为振兴发展的动力，用自己最好的钢轨产品护佑着每一个远行的东北孩子。

生于盛世，落笔青春。时间是奋斗的见证，镌刻着前行的足迹。

我们是中国式现代化成果的受益者，同时也是奋进新征程建功新时代的建设者。作为传媒人，我们要"干一行、爱一行、专一行、精一行"，以实际行动践行伟大梦想，努力成为有头脑、有肝胆、有心肠的主流媒体后备人才。无数个你我,正勾勒出非凡的中国,谱写着未来壮美的中国式现代化新篇章。

春节将至,值此之际,预祝各位老师和同学龙年吉祥,欢愉胜意!

2022级广播电视编导(电视编辑方向)专业本科生

刘刊诺

2024年2月4日

书于鞍山家中

在中国式现代化的跑道上加速"起飞"

亲爱的老师们、同学们:

见字如晤!

年前的假期总让人格外期待。雾气蒸腾的店铺小摊、笑谈往事的三五好友、走过千万遍的街道小巷……被藏匿一年之久的记忆终于得以释放,汇聚成一股强大的牵引力,让人们暂时忘记天寒路远,归心似箭。此番回家后的几天冬雨连绵,泛湿的地板和墙壁一下子把我拉回到熟悉的江南冬天。年关将近,屋内虽冷丝丝的,屋外却热闹非凡。走上街头,记忆中的家乡场景在现实中依旧鲜活,而偶然间触碰到的新鲜元素也时常让我倍感惊讶。

记得大一的新生见面会上和大家介绍家乡时,我提到了一长串词汇,"长江边""小笼包""三只松鼠""奇瑞汽车"……在各类可能"出圈"的城市标签中,极力拼凑出家乡的图景。大家看着我这颗"南方小土豆"疯狂输出,都频频点头,并在脑海中搜索相关的人文地理知识,予以礼貌回应。而去年9月研究生新生见面会时,介绍家乡的环节于我而言却变得简洁了许多:"我来自芜湖,一座会起飞的城市!"大家都心照不宣地笑了。

"芜湖起飞",不仅是虚拟空间中的欢呼,更是对真实世界的写照。如今的芜湖,正在中国式现代化的"跑道"上加速滑行。

"飞"上天空

芜湖地处我国南北方的交界处，承东启西，临江达海，自古就是重要的交通要塞。近年来，芜湖建设机场，架设轻轨，使原先铺设的水运陆地交通网络逐步丰富，扩展至第三维空间。

这次回家，我选择了北京直飞芜湖的航班。坐在大兴机场的候机厅里，看到电子信息屏目的地栏清晰地显示"芜湖"二字，听着机场喇叭里响亮的提示"飞往芜湖的游客开始登机"，我不免感到十分骄傲。下了飞机，远远看到爸妈满怀笑意地站在宽敞明亮的出口，看我走近就三两步迎上来，接过挂着托运单的行李箱，我心中更是难以抑制地感动。

从我高中时开始建设的轨道交通现在已经全线通车。架在桥梁上的轻轨列车，穿梭于新旧楼宇间。车窗将变幻的景色和模糊的人影框在一起，与隆隆的车声和缥缈的广播共同组成一幅巨型4D连环画。我房间的窗外，也恰好有轻轨线路经过，看着每天来来往往的列车驶过曾经熟悉的城市街景，恍惚间，仿佛真的置身于一座赛博城市。

"飞"上"云"端

刚回到家，爸妈就指导我下载了城市服务App，他们说这个软件很"灵光"。作为游玩过各类软件、平台、小程序的"网生代"，我本不以为意，却在注册使用的第一天就"真香"了。这座城市中日常生活的方方面面都被紧密联系在"云端"，极大便利了市民的生活。

早晨出门，我在App中搜索"交通信息"，就能看到交通线路推荐和实时交通状况。下午，我想找一处安静的地方看看书，于是在App中搜索"书店、咖啡厅"，惊讶地发现了十几个分散在城市各处的共享书屋，它们为市民提供免费的阅读空间和借阅服务，还会举办不同主题的文化交流活动。这些书屋有的是新建的建筑，有的是由原先废弃的建筑改造而来的，虽风格各异，品质却一致地好。坐在明亮干净的书屋里，和穿着母校校服的弟弟妹妹们一起写作业，听他们围聚在讨论空间的圆桌旁"争辩"期末考试数学题的解法，十分有趣，也十分感慨！晚饭后，爸妈提议出门散步消食，我又打开App搜索"广场"，收获了许多城市公共空间的信息，同一界面上的"共享停车"板块还提供了各个停车场的车位剩余情况。这波云端操作，是芜湖"智慧城市"的建设成果和"数字中国"整体布局的重要表现，也体现了芜湖的城市管理正在经历中国式现代化转型。数字化建设，为芜湖市民打开了数字生活的"入口"，让大家可以平等共享数字城市带来的便利和福祉。

"飞"越古今

城市建筑和空间布局的变化，往往最能让人真切地感受到时间的流逝和人的成长。所幸，芜湖在城市发展中兼顾了历史的厚重感和现代的未来感，给归家的人们留存一隅线索，连接过去和未来，创造出古塔江风伴霓虹的浪漫氛围，给人以诗和远方的广阔想象。

我儿时放学后和同伴玩耍的滨江广场，如今已经变成了音乐广场和灯光秀的舞台。夜空中，喷泉的水柱、灯光的光束与华丽的音乐在长江之畔交织。周围的"十里江湾"夜景亮化工程，将夜幕下的滨江点缀成如梦似幻的画卷，江波荡漾，揉碎五彩的倒影，黑色笼罩的远方，偶尔传来轮船汽笛的长啸。滨江区域在光影交替中成为芜湖的新地标，吸引了全国各地的游客前来观赏，成为游客们必经的打卡地。

外婆家旁边的老长街也被改造成"古城"商业区。晚上，我挽着外婆，走在路中间被磨得光亮的青石板上。她走到转角，依照建筑轮廓，回忆起三四十年前开在此处的竹篾店、胭脂铺。我们在被雾气和人群裹挟的甑子糕小摊前停下，买两块芝麻糖心味的糕一起品尝。路边的店铺里飘出带着南方腔调的吉他弹唱。这片街区，好似南方小巷与生俱来的婉约中和了华灯流光和人群熙攘的豪放，沉淀出别具一格的惬意。

与家乡频繁的离别和重逢，让我能够在沉浸和旁观两种视角的切换中发觉家乡或显著或微小的变化。当脑海里熟悉的场景在现实中被建设为新的模样，欣喜的情绪中不免混杂进些许慌张：如果未来的某一天，关于家乡的一切被更新为陌生的最新版本，我又要到哪里慰藉我的"乡愁"呢？

老长街改造而来的"古城"商业街

依然凛冽的六九天里，一碗冒着热气的小馄饨让我明白：此心安处，便是吾乡。

龙年就要到了，愿大家在解锁新地图的旅途中龙行龘龘，一起起飞！

2023级国际新闻学硕士研究生

吴卓然

2024年2月5日

书于安徽芜湖家中

绍兴的蜕变：中国式现代化下的古镇新颜

亲爱的老师们、同学们：

展信安。

龙年的脚步悄然临近，在这辞旧迎新之际，祝大家新春快乐，阖家团圆。

我的家乡绍兴，是座历史悠久、人文荟萃的千年古城。丰富的历史文化遗产和众多的英雄豪杰，给这座古城的历史涂上了浓厚的色彩。

绍兴的历史可以追溯到春秋时期，当时的越国都城就在如今的绍兴境内。自那时起，绍兴便成了江南地区的政治、经济和文化中心。这里人文底蕴深厚，是书法家王羲之、文学家鲁迅、教育家蔡元培的故乡。

借着难得的假期，我回到家乡，在幼时熟悉的路上漫步。

从初中开始，我便少有机会在这儿闲逛。看着故土日新月异的变化，我不禁感慨，国家这些年的发展可谓势头十足，就连绍兴这样原本有些"旧"的小城，如今也已改头换面。

党的二十大擘画了以中国式现代化全面推进中华民族伟大复兴的宏伟蓝图，明确了高质量发展的首要任务。习近平总书记也赋予了浙江为全国探路共同富裕的光荣使命。浙江省委立足中国式现代化大场景，着眼"两个先行"（即"共同富裕先行"和"省域现代化先行"），作出强力推进创新深化、改革攻坚、开放提升的重大部署，赋予了绍兴"图更强、争一流、敢首创，勇闯中国式现代化市域实践新路子"的重大使命。在这样的

忍冬信札2024：遇见家乡的中国式现代化

时代背景下，绍兴这座古城，也焕发了新的生机。

在绍兴，你能感受到江南古镇的独特风情，浙东古运河水清岸绿，如诗如画，静静沉淀着一段2500多年的水运史和绵绵不绝的中华文脉。

我来到绍兴东浦，感受运河古城的壮丽风景。当我真正站在东浦的土地上时，眼前的景象令我惊叹不已。大运河的壮丽景象与东浦古镇的风貌交相辉映，仿佛一幅流动的画卷。

在悠长的历史中，这里孕育出了绍兴的黄酒文化。东浦的每一寸土地都散发着浓郁的酒香，令人陶醉其中。

不忘本来，方能开拓未来。

近几年，绍兴市政府高度重视东浦县各级各类文化遗产的保护与发扬工作。东浦在保护古镇风貌的基础上，深入挖掘运河文化和黄酒文化的内涵，将两者有机融合，从而开拓了文旅融合新场景，将"黄酒小镇"打造成了江南水乡新典范。

如今在绍兴，你可以乘坐游船游览水乡景色，感受纯正的江南风情；也可以步入酒家品尝地道的黄酒，品味悠久的古镇历史……

在中国式现代化的伟大历史进程中，和东浦一样，绍兴其他诸多古镇同样诞生了文旅融合的新场景，为当地带来了可观的经济收益，也为江南水乡树立了一个新的典型案例。

我回到绍兴嵊州，追寻父母的脚步，探访嵊州学生必写的"作文素材"——东直街。

来到东直街，鲜活的人间烟火气息扑面而来。十字路口的小笼包店颇受顾客青睐，店铺门口总是排着长长的队伍。豆腐馒头皮薄馅大、汤汁浓郁，鲜美的味道让人回味无穷；向里走，是一家年纪比我大不少的小卖部，店面虽小，但商品从零食、饮料到日常用品一应俱全。

小卖部对面就是裁缝店了，纵使在人民物质生活水平快速提升的今日，许多嵊州人仍守着节俭勤朴的传统，喜欢将旧衣服拿到这里来改一改、补一补，再穿上一段时间。

走过这些小店，父亲少年时在作文本上写下的文字，在我眼前缓缓展开，具象为一条人来车往、炊烟袅袅的小城老街……

看似未曾改变的东直街，却藏着独属于21世纪的洞天：东直街的店铺开始多样化，网红小吃店、咖啡馆、书店如雨后春笋般出现；街道的管理水平与时俱进，街头巷尾变得更加整洁、美观，环境质量显著提升；此外，在中国式现代化的引领下，在"互联网+"经济的浪潮之中，这儿的商业模式也不断创新，线上购物、移动支付等新型消费方式逐渐成为主流，为消费者提供了更加便捷的购物体验。

可以说，东直街见证了城市的发展和社会的变迁，成了一个时代的记忆和历史的见证。

绍兴的共富之路，穿梭在城市里，更铺开在乡村间。乡村振兴，同样是近年来绍兴的工作主线。

毫岭村，我母亲长大的地方，借助生态文明与乡村振兴的有力双翼，实现了从默默无名的小乡村到"省级生态文化基地"的飞跃，生态文明、乡村振兴是毫岭村发展的主旋律。

不大的村落风光绮丽，近几年落成的龟山森林公园就坐落在村口处，风景宜人，交通便利，引人流连。公园两边的通道铺设了青石板台阶，修建了健身活动场所、曲廊座椅、凉亭和游步道。村里有一座颇具特色的仿俄式建筑，就是毫岭村的综合楼。毫岭萤石资源丰富，因此，楼中专门设立了一处萤石陈列馆，这里也是绍兴市唯一一座萤石陈列馆。在馆中，形态各异、五颜六色的萤石琳琅满目，宛若一场珍奇矿石的盛会，展现了大自然的鬼斧神工。

我还从村委处得知，这些年，从垃圾收集、村内道路硬化、河沟清淤、村庄绿化，到污染治理、农房改造、农村公共设施建设拓展，毫岭村正在走一条"示范引领、整体推进、深化提升、转型升级"的美丽乡村建设新路径。

在中国式现代化的引领下，毫岭村正一步步迈向崭新的明天。

如今，绍兴已经一跃成为制造业大市、民营经济大市，为走好现代化建设新征程奠定了坚实的基础。绍兴聚焦发展提质，以创新驱动增添新动能；聚焦产业提升，以先进制造打造新引擎；聚焦城市提能，以品质城市彰显新魅力。绍兴勇挑大梁、勇担使命，完整、准确、全面贯彻新发展理念，走好现代化之路，积极探索中国式现代化在市域层面的发展规律和实现路径。五百多万绍兴儿女将以敢为善为、图强争先的精神和追求，深入推进"五创图强、四进争先"，全力谱写新时代的新篇章。

今天的绍兴，不仅保留了丰富的历史文化遗产，也发展成为一座现代化的城市。在这里，你可以在古老的街巷中感受历史气息，也可以在时尚的建筑中体验城区繁华。

既有古城之韵，亦有新城之美，这，便是绍兴。

2021级国际新闻与传播专业本科生

张陈晔

2024年2月5日

书于绍兴家中

2024.2.6
第十一封信

"共和国长子" 中国式现代化的新征程

——哈尔滨在新时代走向复兴

亲爱的老师们、同学们：

展信佳。

朔北的哈尔滨，室内外有近50摄氏度的温差，但今年冬天，暖意却在游客们的笑靥中慢慢蒸腾，在高纬度特有的蔚蓝晴空与流霞之下发酵成微醺的幸福。是的，今年年初，"尔滨"火了。这座自喻为"共和国长子"的城市，在时代更迭的交点与冰境雪韵的绘塑中、在新征程的荣光万里下阔步走向复兴。

哈尔滨是一个年轻而古老的城市。年轻在于，回溯五千年的华夏文明，这座山海关外1000公里的城市在历史上并未留下太多痕迹，只作为"金朝都城"与"女真聚落"留下过些许形印，来到哈尔滨的游客也会打趣"体验到了流放宁古塔的苦寒"；而将目光转向近现代，贯穿亚欧的中东铁路与向南延伸至大连港口的南满铁路在哈尔滨交会，铁路铸就了现代化建设的刚劲血脉，哈尔滨成了中国最早开启工业化的城市，也成为中国现代化历史中最有资历的城市。与之伴生的是专属于哈尔滨的城市文化——多国、多民族语言的交汇融合塑造了哈尔滨独特的语言系统，俄语音变的方言名词常常成为我与朋友们猜谜的语料；西洋乐跟随教堂与工人一同来到这片土地上，与中国传统民乐热烈碰撞，让哈尔滨成为唯一一座位于亚洲的荣膺联合国教科文组织颁布的"音乐之都"称号的城市；铁路与工业

松花江上的中东铁路桥

是哈尔滨的支柱性产业，也成就了这座城市的凝厚气质。三大动力路、哈铁医院、铁路小学……这座城市浪漫，也有着深沉扎实的根基。

诚然，止步于往昔的盛景只会令人逡巡不前。在社会主义现代化建设的道路上，哈尔滨也曾因陈旧的产业结构、缺略的发展动能而落后于时代步伐。但这片辽阔的松嫩平原，不应止步于此。擘画不怠，在党中央的正确领导下，"转型"成了哈尔滨增加发展内生动力的关键词。推进乡村全面振兴与新时代新征程的"三农"工作建设让乡村换新颜，现代化的农业生产让东北平原这块国家粮食安全的"压舱石"更加坚实稳固，绿色农产

中俄地方文化艺术季路演

品深加工、畜牧业、林业可持续发展唤醒了冻土里春芽的生机。"全面振兴东北老工业基地"不再是政治课本上需要背诵的知识点，而是真实可感的家乡蜕变。"一五"时期建设的"三大动力"——电机厂、锅炉厂、汽轮机厂，如今已发展为哈电集团。车间由人工操作变成数字化运转，效率、精度都显著提高；东北的"老字号"制造企业有了新时代的口碑。

现代产业体系的构筑离不开高校的持续供能。哈尔滨工业大学、哈尔滨工程大学以科教带动研发，将科研成果最快转化至先进制造业中；东北林业大学、东北农业大学也在广袤黑土与秘境林海上开展农林创新，守护好我国最大的商品粮基地，留住最北端的绿水青山，让"北大荒"真正变成"北大仓"。构建经济发展新引擎、发展战略性新兴产业、创造性转化传统优势产业，这座沃饶黑土上的铁路城市，搭载着时代东风，向新的征程奋进。

农田、工厂、桥梁……第一、第二产业的发展助推哈尔滨第三产业日渐蓬勃。文旅消费是畅通"双循环"的关键环节和重要引擎，也是人民群众美好生活的基本需求。今年冬天的哈尔滨，气温屡屡突破极寒值，却在全国人民的热情下迎来了复苏之后的第一个"暖冬"。从冰雪大世界的"退票风波"与各级领导的现场办公整改，到《致哈尔滨全市人民的一封信》，全国人民共同见证了哈尔滨的真诚好客，"尔滨"逐渐出圈，成为冬季旅游的打卡地。"冰雪热"成了强劲的文旅动能，为全国人民打造了独特的"冰雪王国"，有力落实了习近平总书记关于"冰天雪地也是金山银山"的重要论述，探索出中国式现代化的冰

今冬的冰雪大世界

城实践之路。

坐上回家的高铁,看到#尔滨,你让我感到陌生#、#哈尔滨旅游后劲儿太大#等多个话题的热搜时,我由衷地感到兴奋和骄傲;走上中央大街,鄂伦春族"下山"的爷爷奶奶、糖葫芦小摊说"公主请吃糖葫芦"的大叔、开到中午依旧人声鼎沸的早市,都是全市人民真心回馈游客的明证。在中国式现代化发展的道路上,哈尔滨对于人们提出的文旅需求响应效率之快、态度之热情、整改之精准是冰城被誉为"冰雪文化之都"的底气,也是未来持续性开发文旅动能的原动力。在不断响应需求的同时,哈尔滨也不忘创造新的需求,给游客带来惊喜与"下次还来"的满满期待,把哈尔滨冰雪旅游这块金字招牌擦得更亮。

2025年,亚洲冬季运动会将在哈尔滨举行,将冰雪运动以更加"接地气"的方式向全国人民普及,也是哈尔滨努力开拓的新方向。赴亚冬之约,书写"冬奥冠军之城"新篇章,哈尔滨也会进一步挖掘文旅新动能,用冬季体育项目给游客朋友们带来新体验,让冰雪体育运动为城市增添一抹亮色。

"霜花满窗,在此良辰。"御风扶摇,新春希冀。今天是农历腊月二

与冬残奥冰壶冠军在家乡重聚

十七，在东北也有"念起"的美好寓意。希望我的家乡抓住每一个发展机遇，紧跟中国式现代化发展的步伐，让昔年哈尔滨的荣光在新时代再次闪耀在祖国的东北方！

2023级国际新闻学硕士研究生

张煜琳

2024年2月6日

书于哈尔滨家中

2024.2.6
第十二封信

两张名片书写城市记忆

亲爱的老师们、同学们：

今天是腊月二十七，距离除夕还有三天，我在这里先和大家说一句新年快乐。祝大家在新的一年里幸福美满，所求皆如愿，所行化坦途。

今年冬天，我的家乡吉林长春赶上了这波冰雪旅游热，迎来了全国各地的游客，当我习惯性地又坐上那趟从北京朝阳站开往长春西站的列车时，我听到的除了亲切的东北话还有全国各地的口音，这样天下一家亲的感觉，真好！刚一下车，我惊喜地发现机场和火车站里为前来游玩的南方朋友准备了更衣室，让大家首先换上温暖的衣物对抗寒冷。走出火车站，路边的公交车站多了一辆开往冰雪新天地的旅游专列，我才意识到原来抖音上说的那些不是假的，长春这一次是真的火了！从抖音上长春文旅持续发力宣传，到许多年没能开放的展馆全面对外开放，还有那地标性的摩天轮建筑免费对外省游客开放，长春人的热情好客、乐观开朗感染了来到这里的每一位游客朋友，将这个冬天寒冷的温度转化成了温暖的情谊。我们或许不认识你，但在助人为乐这件事上，东北老铁不能输！

中国式现代化是习近平总书记在庆祝中国共产党成立100周年大会上提出的重要论断，长春在这一进程中也有着自己的特色，并持续发力，这就不得不提到这里很特别的一张名片——"汽车城"。长春之所以被称为"汽车城"，不仅是因为这里堵车全国知名，更是因为中国自行制造的解放牌载货汽车和红旗牌高级轿车分别于1956年7月和1958年5月从这里驶出。这里是中国一汽集团总部的所在地，许多解放牌卡车、大众轿车、红旗牌卡车都在这里生产，从长春走向全国，从全国走向世界。

我的爸爸就是一汽解放的一名员工，记得小时候我参加过家属开放日活动，那时候还有机会走进解放车间，去见证在流水线上的工人各司其职，一步一步完成一辆卡车的生产。同时，因为我住在汽车经济开发区，站在家里窗前，也能看到写着"解放"二字的那栋高楼，这是汽开区的标志性建筑。爸爸说，如果用两句话来形容现代化的工作，那就应该是"快乐工作，快乐生活"和"从人工化到智能化"。

解放公司外景图

前几天，爸爸给我分享了最近在车间里拍的照片，真是旧貌换新颜。照片里，工人们统一穿着工装戴着口罩，有条不紊地开展工作。有的工人独自调校着车上的零部件，认真的眼神和仔细的动作无不体现出工作时的严谨。有的工人结伴站在车前，正研究着其中的问题，并一起讨论解决。此外，在他们的日常生活中，也会有工会在一些节日组织活动，愉悦心情，展示特长。大家在工作中交到了朋友，在活动中收获了欢乐，这样真好！车

工人正在调校零件

三名工人研究车辆问题

间内的另一特别之处是在很多区域都有全自动的机器人在工作，大大节省了人工成本和时间成本。这一次，真的让我感觉到和小时候完全不同了。这也仅仅是一个车间内的景象变化，在解放的园区内，像这样的车间有很多，各个车间有着对于车辆不同部分的分工，真不敢相信，制造一辆车有这么多烦琐的工艺和技术，而在中国式现代化的进程中，解放人正不断精进，迈上新台阶。

中国式现代化是物质文明和精神文明相协调的现代化。长春的另一张名片就是"电影城"。长春电影制片厂就坐落于市中心最繁华的地段。最近一段日子，每当我路过那里，都会看到很多人在拍照打卡，到长影旧址博物馆参观。我觉得这也是丰富人们精神文明的一种方式。场馆内，那些熟悉的旋律再一次回荡在大家耳边，这里制作产出了《五朵金花》《上甘岭》等老一辈人熟悉的影片，为中华人民共和国成立后的人们提供了宝贵的精神养分，同时，这些影片也给我们这一代年轻人讲述了历史。此外，还有很多旧式的放映机和碟片在馆中陈列着，通过这些，我们能看到新时代电影的不断发展与更新。这里还有中国长春电影节，每年都会吸引很多

车间内的全自动机器

明星和导演前来,我想,这也是对长春电影事业的传承和延续。

不过近些年,除了"汽车城""电影城"这两张大家熟悉的名片,长春人不断创新,有了新名片。亚洲最大的商场欧亚卖场,把山搬进了商场里。这里有许多人想来打卡的54路、55路有轨电车,有独具东北特色的麻辣烫、锅包肉和火锅,好多游客都对这些期盼已久,忍不住想要来到东北一探究竟。上大学后,我每年返回家乡总是带着些惊喜并时常感叹家乡的飞速发展,旁边的小区不再是工地,而是陆续有了业主拎包入住,历经多年建设的地铁线路即将开通,商圈内又有了新的文娱活动,这是中国式现代化最贴近我们现实生活的体现,正是这些成为东北发展一步步越走越坚定的动力。

写到这儿,我不禁有些羞愧,我总以为自己对这座城市已经足够了解,却在写到很多个细节时还要查查百度,怕自己说错了什么,又觉得自己能生活在这座小城无比幸福,看着那么多人对这里赞不绝口,我心生骄傲。好像东北人最大的特点就是爽朗,他们性格淳朴、踏实肯干,正为长春的发展奋斗拼搏，这让我倍感幸运。

"我家大门常打开，开放怀抱等你。"长春期待着更多人来参观游玩，我们的名片还有很多，中国式现代化的征程也还在继续，我们始终，在路上！

2022级编辑出版学（新媒体方向）专业本科生

范熙卓

2024年2月6日

书于长春家中

以文塑旅，乐享山水清音

亲爱的老师们、同学们：

见信如晤！

寒假在家的一个月，让我感受到了中国式现代化引领地方高质量发展的成效。经过盛暑与金秋，青岛迎来了旅游淡季。零星的路人与安静的海景反而使冬季的城市超然于日常的城市景观之上，逃离旺季闹哄哄的单调，注入少有的温馨与宁静，为即将到来的春节腾出一些欢闹的空间。在祥和的节日前夕，我开始思考中国式现代化城市发展的当下与未来。

中国式现代化道路自新民主主义革命时期伊始，于社会主义革命和建设时期开启，至改革开放和社会主义现代化建设时期正式提出命题。党的十八大以来，中国特色社会主义进入新时代。习近平总书记在党的二十大报告中强调："从现在起，中国共产党的中心任务就是团结带领全国各族人民全面建成社会主义现代化强国、实现第二个百年奋斗目标，以中国式现代化全面推进中华民族伟大复兴。"2023年2月7日，习近平总书记在新进中央委员会的委员、候补委员和省部级主要领导干部学习贯彻习近平新时代中国特色社会主义思想和党的二十大精神研讨班上的讲话中指出："中国式现代化是强国建设、民族复兴的康庄大道。"其中重点强调中国式现代化是人口规模巨大的现代化、全体人民共同富裕的现代化、物质文明和精神文明相协调的现代化、人与自然和谐共生的现代化、走和平发展道路的现代化。

近年来，中国式现代化在新的历史方位上，不断促进物质文明与精神文明的对话与交融，进一步推动文化和旅游深度融合。浙江省文化和旅游厅党组书记陈广胜提出："我们要以守正创新的自觉，深刻把握文化和旅游事业在推进中国式现代化实践中的角色和作用。"在中国式现代化道路的指引下，自然景观中的草木花石与清风拂云，不仅有"万叶秋声里"的节气浩荡，更有"独与天地精神往来"的生命意象。

我的家乡青岛，是一座旅游城市。日渐丰富的海洋文化资源、城市民生活力与影视旅游产品，促使青岛从一座"海滨小城"转变为"文旅新城"，努力深化"宜居宜业宜游"的城市品质，打造"高品质湾区城市"。

青岛海景

宜居——从"依山傍海"到"宜人碧城"

整洁的街道与丰富的绿化为生活营造了环境质感，文化活动与数字服务为居民提供了"精神安家"的方向。据《青岛早报》报道，在今年的两会中，不少市人大代表、市政协委员建言献策，提出"进一步丰富公园品质功能""拓展海洋文旅发展范畴""推出精品影视旅游产品""成立市级文旅服务工作组"等建议。

其中,"公园""绿道""树林"作为承载居民娱乐休闲、交通体验与健康维护的生活空间,受到高度重视。据青岛市园林和林业局统计,2023年青岛共建设城市绿道100.4千米、山头公园6个、口袋公园83个、林荫廊道51条、立体绿化126处,完成荒山造林0.76万亩、森林质量精准提升2万亩、复壮古树150株,越来越多的"城市山头""城市边角地""城市山海路"被建造,曾经小小的"渔村"成为一座容量巨大的山海新城。

宜业——从"帆船之都"到"活力海岸"

每次回到家乡,我都喜欢去逛大大小小的市集,从夏天的"复古西进运动市集"、春天的"奥利春市集",到秋冬的"冬季童话市集",家乡的烟火气已然融入欢闹的商品陈列,城市街景和商业氛围逐渐年轻化,美观度不仅限于精美的产品,更辐射到店面的设计与活动的巧妙排布中。大家进入一个个集市,就像打开了一个个小世界,探寻城市角落的温馨与欢乐。每年正月,青岛海云庵都会举办"青岛糖球会",风味糖球和本地美食充溢整个庙会,成为市民在春节期间的必备活动。2024年2月,青岛中央商务区启动"新春文化消费季"暨黄河大集活动,立足节庆传统,推广国潮产品,拉动商圈联动消费。

宜游——从"好客山东"到"以旅彰文"

青岛一直坚持以文塑旅、以旅彰文,在旅游业的发展中注入文化活力。2023年3月26日,由中共山东省委、山东省人民政府主办,山东省文化和旅游厅、中共青岛市委、青岛市人民政府承办的2023山东省旅游发展大会在青岛举办;同时,由中国旅游研究院、山东省文化和旅游厅、青岛市人民政府主办,青岛市文化和旅游局、凤凰网承办的"2023国际旅游休闲城市·青岛论坛"也在青岛启动。"致敬美好 扬帆未来"

是此次论坛的主题，高质量的旅游产品推动产生高质量的文旅方式，越来越多的文旅活动关注适老康养、休闲采摘与乡村节庆，文旅项目逐渐打破圈层，形成全民休闲的文化滋养风貌。

凭靠得天独厚的旅游资源与基层社会治理资源，青岛市的文旅事业日新月异。2023年11月19日，青岛市委、市政府召开迎办2023年山东省旅游发展大会重点攻坚任务专题调度推进会。会上强调，"让党的二十大精神在文化和旅游领域落地生根、开花结果，扎实推进旅游品质提升三年攻坚行动"。中国式现代化的步伐引领文旅征途，为民生幸福与立业兴业深化道路指引。

"这是我可爱的家"——青岛城市宣传曲《青岛》中的歌词，深刻诠释了青岛宜居宜业宜游的家园文旅氛围，"山、海、湾"的地理结构为青岛提供了稳定的城市发展空间与多元的商业发展前景。

"驰驱千里"的艰辛在中国式现代化道路发展的历程中已逐渐淡去，更完善的交通系统为群众出行提供了更安心的保证。据"信网"报道，青岛综合交通运输体系更加完善，已开通地铁运营线路7条，胶东机场客运单日最高突破8.42万人次。"便利"与"安全"成了青岛交通的代名词。

青岛市民的生活质量逐渐提高，地方文旅攀高逐新，中国式现代化的精神引领已不仅仅局限于地方的物质生活水平，更聚焦精神生活与休闲康养，"江天晚霞，舟横野渡，网晒汀沙"的生活愿景已悄然来临。

凛冬散尽，新年将至，家乡文旅将迎来新的呼吸，欢迎朋友们来玩！愿新年胜旧年！

2022级广播电视硕士研究生

纪千贺

2024年2月7日

书于青岛家中

坚定步伐　福暖人民

亲爱的老师们、同学们：

见字如面，展信如晤。

年近岁除，新春见喜。恍然间，两日后便是除夕，新的一年已近在眼前。在这里，我先给各位老师和同学拜个早年，祝愿大家龙行龘龘，前程朤朤！

过去一年，是坚定信念的一年，中国式现代化不断完善推进，中国的国际影响力不断提高，人民的获得感、幸福感、安全感也不断增强。

回到老家蓬莱，我在对家乡的飞速发展感到惊异的同时，也管中窥豹，感受到了中国式现代化在全国各地的切实影响。今天，我想用我最真实的感受，去阐述我眼中的现代化故事。

我的母亲河

印象中，零几年的蓬莱并不像一座城市，而更像一个乡镇，除了画河大世界之外便没有什么百货商场，甚至画河大世界也更像一个市集。沿着古河道边，摆着许许多多的摊位，从日用百货到机械零件应有尽有，对于小时候的我来说，这里就是我认知里最繁华的地方。商贩们此起彼伏的叫卖声、小孩子们试新衣服时激动的表情、父母讨价还价时的大嗓门、各式各样的奥特曼玩具、人满为患的各种小吃铺，还有逢年过节时铺满外面空地的对联和福字，这些场景与声音共同构成了我对画河大世界的全部记忆。

但在老一辈的印象中，画河又是另一番景象：画河原本是登州（蓬莱）的护城河，流淌了上千年，滋润着登州城的百姓，称得上是蓬莱的母亲河。20世纪70年代，画河两岸是矮矮的几层居民楼，许多商贩在岸边支起小摊，售卖的大多是自己家种植的农产品。

90年代初，随着对外贸易的发展，小商品经济开始在蓬莱发展起来，人们不再满足于原本简单的饮食消费，转而开始追求娱乐文化消费，也正是在这个时期，蓬莱的城市建设得到进一步发展，画河两岸的摊位也越来越多。最终，经过政府的决议，画河走向了填河造地的结局，画河大世界也由此诞生。

然而，随着经济步入快车道，商场商城遍地开花，同时，城区开始向东发展，大量居民的迁走使得画河大世界的存在感越来越弱。而且因为画河大世界建在河道上，河的排污排涝功能远不如前，各类生活废水以及生活垃圾，让这片区域的环境变得恶劣，甚至在2014年时发生了洪涝灾害。2017年，画河大世界被拆除，原本的位置变成了一片废墟。

2023年，为响应中国式现代化建设的号召，实现人与自然和谐共生的现代化，烟台市高质量打造县域母亲河，改善入海水质，保护生态环境，画河也在改造计划中。规划中，画河原本被填堵的河道要被重新挖开，原本枯涸的河床生出的许多杂草和淤积的生活垃圾要被清理，在让"河流"成为"河流"，发挥它原本的作用与功能的同时，将其打造为河流湿地公园，河畅、水清、岸绿、景美、人和。相信未来的某一天，画河能够恢复如初，让澄澈的河水继续滋养这片故土。

"绿水青山就是金山银山。"蓬莱对于自然环境的保护当然也不只体现在画河这一处。实现人与自然和谐共生的现代化，绝非一句口号，而是人民群众切切实实的需求与愿景。前路不易，但我们走得坚定。

我的避风港

蓬莱是一座三面环海的海滨城市，我的高中就坐落在离海不远的地方。坐在教室里，透过窗户就能看见一望无际的蓝色世界。可能对于所有来自海滨城市的同学来说，在海边散步是学习压力大时最好的解压方式，又或许对于所有蓬莱的居民来说，"去海边"意味着暂时放下生活和工作的烦恼，在海风与海浪中感受最纯粹的快乐。大海，就是我们的"避风港"。

上大学后，回家的时间变少了，但每次回来，我依旧会跟家人一起去海边散步，最近常去的就是家附近的"海市公园"。

2015年，鲜有人去的北部海岸建造了这座以"海市蜃楼、仙山文化"为主题的公园。海市公园沿海而建，低处的防潮堤上还雕刻着"帝王求仙图"。海市广场作为公园的中心，中间的雕像塑造了苏轼挥毫泼墨的潇洒姿态，与北侧的丹崖石刻遥相呼应。丹崖石刻南向雕刻了苏轼的千古名篇《海市诗》，北向节选了蓬莱籍散文家杨朔的《海市》。

在我的初中时期，海市公园面向全体蓬莱人民，开展了一次以"仙境蓬莱"为主题的书法比赛，而借此契机，我也对蓬莱的历史文化有了更深一层的了解。比如，蓬莱之所以被称为仙境，既因为八仙过海的神话、秦王求长生不老仙丹的传说和蓬莱瀛洲方丈三座仙山的历史，也因为这里是苏轼笔下"东方云海空复空，群仙出没空明中"的观蜃之处。这座公园里到处充斥着独属于蓬莱的历史文化，是蓬莱人文化自信的"避风港"。

2023年夏天，蓬莱市政府听取民生意见，允许在沿海步行区域"摆摊"，一时间，蓬莱74千米的海岸线，近半都被彻夜不眠的灯火所点亮。大家迎着海风，品尝着手中的铁板鱿鱼，赤脚踏着细沙，在这个海边小城享受着慢节奏带来的宽慰与轻松。

中国式现代化，是物质文明与精神文明相协调的现代化，实现中国式现代化，是国事，亦是家事。这座仙境一般的海滨城市，用努力和思考，助力着当地人民的精神富足。前路曲折，但我们走得精彩。

我的"新"家乡

上小学的时候，在老师的教导下，我第一次对"蓬莱"有了概念：这里是我的家乡，是一座城市；随着年龄增长，我又学习到了地级市和县级市的概念；2020年，蓬莱市正式改为烟台市蓬莱区，看似只是一个字的变化，却是翻天覆地的不同；2022年，蓬莱又收获了一个新的身份：黄渤海新区。从此，我拥有了一个"新的"家乡。

要说新，那么，除了名字，还新在哪里呢？

一是战略新。设立黄渤海新区是服务国家重大战略的创新实践，烟台横跨黄渤海，纵联山海河，隔海对日韩，不仅景色宜人，更是海上丝绸之路的北方起锚地，商贸物流便利。烟台城区沿海分布，蓬莱区与其他四区相隔甚远，此次建立黄渤海新区，便是拉近四区与蓬莱区的各项联系，促进融合发展。

二是工业新。黄渤海新区的海域面积是陆地面积的两倍，位于黄渤海交界处，海洋资源丰富。新区将"海洋"作为发展的核心，极力发展新能源技术，推动建设世界一流的现代海洋产业体系，打造绿色可持续的海洋生态环境，助力中国成为海洋强国。同时，实现工业带动其他产业，例如旅游业。

三是技术新。黄渤海新区致力于发展新兴技术，在成立的短短一年里，"无人机首飞成功""核心智慧城市系统应用""新能源氢能研究突破"等一系列好消息迭见层出。采用新技术，发展新方向，取得新效果。

四是面貌新。随着新区的建设以及技术的提高，人民的生活水平不断提升。原本不在主城区的地区也得以发展，黄渤海新区的预计目标是2025年GDP达到1700亿元，海洋生产总值达到1000亿元，常住人口规模达到65万人左右，成为一座海洋新城。

中国式现代化，也体现为全体人民共同富裕的现代化，建设黄渤海新区，推进新产业、新技术、新模式，带动城市发展，促进经济进步，为人民的幸福生活谋方向，寻方法。

回到家乡，回望过往，原来在不知不觉中，我们已经在中国式现代化的道路上走了这么久。眺望未来，我相信，中国还有许许多多的"蓬莱"、许许多多的"黄渤海新区"正在蓬勃发展。我也相信，有无数与我一样的青年，在亲眼看到中国式现代化的建设成果后，热血沸腾，希望能够奉献自己的一份力量。

甲辰龙年，在新中国成立75周年之际，我们要坚定不移推进中国式现代化，让人民拥有获得感、幸福感、安全感，共享民族复兴的伟大荣光！

顺问冬安，岁待春宁。

再次预祝大家新年快乐！

2021级广播电视编导（电视编辑方向）专业本科生

任科宇

2024年2月7日

书于蓬莱家中

走中国式现代化的乡村振兴道路

亲爱的老师们、同学们：

　　展信佳。

　　有此殊荣，与诸君浅谈我感受的中国式现代化，分享心得，敬请指正。

　　谈到中国式现代化，不可避免地要谈"三农"问题。我来自华北平原上一个不起眼的小村庄，我想人们对北方传统农业的很多想象在这里都可以得到满足。现如今，中国式现代化已然开始为农业的全面升级、农村的全面进步、农民的全面发展助力。在时代发展的快车里，我有幸与亿万人一同欣赏这趟列车驶出隧道，开向春天的一路繁花。

　　坐在这趟列车上，我不时望着窗外的风景出神，过往经历如电影放映般闪回我的大脑，回忆的窗迎来一片金黄。犹记年少时，夏末入秋，余热未散，初秋的夕阳映照着父辈黝黑的皮肤，晶莹的汗珠划过他们被玉米叶割伤的脸庞和胳膊。我坐在装满玉米的车厢里，看着这些还沾着"土气"的果实被他们从四面八方的玉米地里摘来。那时的国庆长假总是没有娱乐时间，因为家中小院里总有成堆的刚从田地里运回的玉米，我们一家人从早剥到晚，除了吃饭午休，手中几乎一刻不停。每个人的面前都是一座山，后来我才看清，那是农民面朝黄土背朝天的血汗凝结而成的传统农业生产的大山。我也才明白，在这片光景中，世人歌颂农民朴素、踏实、勤劳的光辉品质，却不能代替农民去承受风吹日晒和霜打雨淋。

　　眼前倏地一晃，便已是2020年盛夏，又到了华北平原上小麦的收

机器在麦田收割小麦

麦粒通过管道输送到卡车上

农民捧起收好的小麦

农民回收部分麦茬

获季节。再次站在田间地头,我惊异地发现,本应人来人往、镰刀飞舞的麦田里只有零星的农民在守着,他们默契地望向同一个方向。顺着那个方向看去,联合收割机犹如巨兽,冲破尘烟,卷起层层的麦穗,金黄的麦粒通过管道直接滑到同行的卡车上。收割机驶过的地方,留下一排排整整齐齐的麦茬。那麦茬绵延到天边麦田消失的地方,无声地宣示着这片土地上早已开始的农业规模化、工业化的时代进步。那一刻,我突然意识到,我和农田已然是彼此"最熟悉的陌生人"。这些年,包括我家在内的许多农村家庭都将自家土地出租,承包土地的农民搞起了集约化农作生产。例如庄稼除草,方圆百亩的土地,无人机喷洒除草剂只需要不到半个小时,相较于人工除草,工作效率提高了数十倍。"晨兴理荒秽,戴月荷锄归"的生活体验,也许只能通过陶潜的诗句来理解了。

党的二十大报告指出,"中

国式现代化是人口规模巨大的现代化，是全体人民共同富裕的现代化，是物质文明和精神文明相协调的现代化，是人与自然和谐共生的现代化，是走和平发展道路的现代化"。宏观而抽象的政治阐述，在我的家乡小镇逐步落实为一件又一件具体的造福人民的实事。进出村口的道路经过翻修变得平坦而又宽敞，满足了家家户户私家车出行的需求；村里的幼儿园和小学也有了新的变化，教室的多媒体课堂已经不再只是简单的投影仪放映，操场也从杂草丛生的裸土地变成了塑胶跑道；"厕所"革命、生活垃圾分类回收等，改善了农村脏乱差的环境，宜居宜业的人居环境逐渐成为现代美好新农村的实景。以前寄取快递只能去镇上的邮局，现在出门不到十分钟就能到快递服务站取件；养老保险、医疗保险基本实现了全覆盖，村委会还会联合县医院定期组织面向农村老年人的体检与问诊活动，等等。中国式现代化在我的家乡小镇留下的痕迹越发明显和深刻，好似一场甘霖，要经年累月地、用力地浸透华北平原的黄土地。

  本科四年，我学新闻，学摄影，学着用影像表达、记录生活逐渐成为我的习惯。但面对家乡，我总是羞于摁下快门，就好像面对亲密的人总是羞于说出表达爱意的语句。面对家乡，任凭定格什么瞬间都不足以代表我的亲眼所见与心中所念。在家乡，我拍过丰收的麦田、冬日的雪、雨后的夕阳、深秋的月，却很少讲具体的、鲜活的人的故事，所以在此我想讲讲我与一个山村相遇的故事。那个山村坐落在邢台西部、太行脚下，名叫黄岔。来到此地，最吸引我的不是山路深邃、曲径通幽，也不是静水流深、花鸟虫鸣，而是这里乡村振兴的故事。走进村落，几乎见不到青年，问过才知，青年一代大多外出求学或务工，本地留下的大多是小孩和中老年人。几家本地的农家乐，都是50多岁的叔叔阿姨在经营。通过他们，我了解了当地的故事。黄岔的村名缘起于东汉末年张角率领的黄巾起义军在此设关立卡，人们惯称"黄巾军关卡"，简称"黄卡"，后来才改名为"黄岔"。

  抗日战争时期，黄岔的特殊地理位置再次发挥了军事作用，当时的八路军冀西游击队常驻扎于此，并通过村里的交通站运送抗日物资、军事情

黄岑村落远景

报、护送抗日干部等。除了地理位置特殊，其人文景观亦有特色。黄岑村的石屋背山临河而建，高低错落有致，街巷曲折有向，古朴厚重，部分古建筑至今保存完好，从中可见冀南山乡的特色风貌。依山傍水是当地发展的自然优势，但也一度是隐患。山区多雨，降水引发的洪水曾淹没这里，给人民群众造成了相当严重的生命财产损失。面对生存与发展的难题，上级政府与村委会修缮河道、建立水库，解决山区水患问题。同时，为了促进古村落旅游资源的开发，当地修整道路、完善基础设施，鼓励本地村民开办农家乐，发展特色乡村旅游业。在政府与民众的共同努力下，黄岑村从实际出发，结合自身特色，探索出"以红色精神促乡村振兴，将保护革命遗址与古村落相结合发展乡村旅游"的模式。无人机飞到高空，我看见盘山的公路与曲折的河流中隐隐舒展着"绿水青山终成金山银山"的慰藉。

车在向前走，风景在向后退。一幅幅生动的新农村生产生活场景汇成了全面乡村振兴的壮阔画卷。如今，"中国式现代化"已然成为一把标尺，将丈量每一位中华儿女在这片拥有五千年文明历史的中华大地上为中国人民谋幸福、为中华民族谋复兴、为人类谋进步、为世界谋大同所做的所有努力。向着光荣伟大的梦想，向着光明宏大的未来，更加紧密地团结

村中红色文化旧址

在以习近平同志为核心的党中央周围，坚持以习近平新时代中国特色社会主义思想为指导，我们这代人终会谱写出强国建设、民族复兴的新篇章。

行文至此，楮墨有限，不尽欲言，但盼师友万事皆安。顺颂时祺，恭贺新禧。

2022级广播电视学硕士研究生

赵子龙

2024年2月8日

书于邢台家中

2024.2.8
第十六封信

在这里，现代化故事才刚刚开始

亲爱的老师们、同学们：

展信佳！

悄然之间，旧的一年只剩下短短两天，新的一年即将到来。在这二月的春风里，提前祝大家龙腾盛世，喜上眉梢！

时间的齿轮转过几圈，带来了一个个新年和祝福，也带来了我国近几年许多现代化建设的显著成就。此次春节，我回到老家，发现原本平凡、质朴且带有一丝"傻气"的村镇里，竟增添了许多新鲜的现代化建设的影子。

我的老家在河北省安国市明官店乡，或许大家从未听说过这个地方。"安国"意为安邦定国，是汉高祖刘邦命名的，宋代时被称为"祁州"。这里物资丰富，是全国重要的中药材产地之一；祁菊花、祁白芷和祁山药等药材十分有名，成为这里的农产品标志。安国市境内有明代伍仁桥和关汉卿墓（元曲四大家之首关汉卿的籍贯在此）。每次回乡里时，经过这两处古迹，我都会不禁感慨："原来在华北平原腹地，还有这样不为人知的宝地。"而这正是我的家乡。

津石高速新增了安国和明官店乡高速入口和出口，曲港高速也通了车，弥补了安国历史上没有高速公路的遗憾。很快，安国也会有火车站，正在建造的雄石铁路线中的安国东站预计2024年年底投入使用。明官店乡是安国市内6个乡中的一个，面积不大，却也呈现了许多现代化发展的重要成果。

近些年，乡里的耕地面积不断被开拓和高效利用；从最初的集体耕作多块耕地到后来的严格划分耕地落户生产，从人畜力工具到大规模机器应用，农业总产值逐渐高达1.19亿元，农业经济发展趋势向好；不仅可以支撑乡民的生活，而且为国家提供

奶奶家收割的玉米

了大量优质农作物和药材。当我向奶奶问起家里的那几亩地时，她总是两眼放光地告诉我东边的田里种着玉米、西边的田里种着花生……隔壁邻居家播种的时候总是开着播种机轰隆隆地从奶奶家的门前经过，但她还是喜欢亲手播种和收割。

农业是生存之本，建设之根；基础设施则是生活之本，建设之魂。近五年，乡里的各个村庄地区之间经由公路联系了起来，以前的石子路和坑坑洼洼的土路被柏油路取代，条条纵纵如一张大网，将村民们的生活连通起来。乡里新设有多个公交站点，方便民众乘坐公交车到安国市内活动；同时，为了孩子们的教育，乡政府决定将乡里和村里的学校合并修整，并且为学生提供安国市学校的师

村里新修的柏油路

资和教育资源，有些村子还设有专门的校车接送孩子上下学。最令我惊讶的是，很多村子里设立了快递站，有专门的人负责管理货物和分拣派送，很大

程度上提高了村民购物的多样性和便利性。

记得我还很小时,经常坐着奶奶开的三轮车一路经过颠簸的村路,到市里的药店去买药,奶奶的腰总是因为颠簸隐隐作痛。现如今,有了快递站和柏油路的加持,奶奶新建了一个网购账号,只需要在手机上点一点,想买的物品就都可以被送到村子里,她不用跑那么远的路了。骑三轮车时,奶奶也敢大胆往前开了,不用再怕路上的"坎坷"。从生活中的点点滴滴可见,老家这样的小地方,基础设施在慢慢完善,在向城市看齐,努力追求着城乡一体化的远大目标。

除了农业和基础设施的现代化,医疗和思想宣传工作也在持续更新。村里的卫生院和乡医院都开设了国家基本公共卫生服务项目,为村民提供免费的诊疗服务;村里的每

村里的快递站

卫生院在乡里全面覆盖

国家免费基本公共卫生服务项目

一条街道也都贴有卫生与食品安全的标识。每个村都有党组织活动中心，定期开展思想宣传工作；村里的街道旁也有思想宣传栏，积极响应国家政策。

食品安全宣传栏

现代化建设给我的家乡带来了如此大的变化，我像是做了一场盛大而美好的梦，感到无比欣喜和惊奇。难得的是，在现代化发展的过程中，明官店乡的民众并未抛弃那些祖祖辈辈流传下来的习俗和文化活动，反而保留了地域特色，在现代的洪流上搭建了一座属于传统的桥梁。

明官店乡集市全貌

他们仍然在过节时大张旗鼓地办着集会，吃着特色美食，挨家挨户地串门、拜年……

关于过年的感受和记忆停留在奶奶的村子里：除夕当天家里一定会吃个团圆饭，奶奶亲自下地摘菜，忙活年夜饭；饭后亲戚邻居间也一定会唠唠家

切大米和黄米面年糕

常,打牌娱乐;大年初一的清晨,人们睡眼蒙眬时就能听见卖热豆腐的人敲着梆子走在村里的道路上,奶奶会拿一斤大豆去换一块热豆腐。豆腐的"腐",即是"福",老家的人有过年吃豆腐的习惯。热腾腾的豆腐白白嫩嫩,散发着卤水的香味,在阳光下看起来水盈盈的,不用放任何调料,吃起来豆香四溢,有滋有味。过年的感受就像每一次吃这豆腐,平淡却回味无穷。

因为乡里的各个村子间通了公路,所以这几年的集会规模由几个村扩大为了整个乡,人们甚至直接把集会搬到乡里的主干道上,在路两侧各延伸出许多摊位。在腊月二十七这一天,各个村的村民摸黑早起准备集会,亮出绝招本事,吸引各路民众采购。有卖烟草的、卖年糕的、卖蔬果的、卖肉蛋鱼的,还有卖家居用品、春联福字、糕点零食的……所有逛集市的人都提满了大袋子小袋子,晃晃悠悠地挤过人群;吆喝声、讨价还价声、大喇叭广播声此起彼伏。

磨香油和麻酱

集市上有人用芝麻现榨现磨香油和麻酱,香味远远地飘了好几条街;有几家拿出自己现擀的荞麦面和豆面,架起锅烧起水,煮饸饹面;还有人用黑锅炉现场炕马蹄烧饼,烧饼拿到手里热热乎乎,形状如马蹄一般圆润厚实,里层夹上肉肠更是香酥可口;有现场制作烤栗子、糖葫芦的,还有理发

现场制作的糖葫芦

的、修表的、修鞋的……

集市紧挨着主干道，且摊位多人多，还会有汽车在主干道上行驶。安国市里的交通大队特地派出交警维护现场秩序，协助车辆通行和人群疏散，保证集市场所的安全。这不仅是市和乡、村之间不同地市级的照应管理，也是国家现代化中区域互帮互助、互相扶持的生动景象。

我想说，虽然老家的很多方面比不上大城市，但它也在慢慢变好，慢慢地在现代化发展的浇灌下茁壮成长。每一次新春之际，我都想念我的家乡，遇见我的家乡，更加深爱我的家乡。现代化发展带领我的家乡走向光明的未来，而我亦期待着有朝一日家乡可以更加繁荣，被人们熟知。

坐在老家的院子里，看着挂在枯树枝上的太阳慢慢移到了高空中，我感受着太阳洒下的这份温暖，一呼一吸尽是炊烟和土壤混合后的乡野气味。此时此刻，我的脸上有按捺不住的笑意。这里的现代化故事，才刚刚开始。

在信的最后，祝大家新春快乐，步步高升，龙年大吉！

2023级网络与新媒体（互联网电视）本科双培生
张艺嘉
2024年2月8日
书于安国老家

2024.2.9
第十七封信

芜宣机场：助力芜湖飞得更远

亲爱的老师们、同学们：

恰逢万家团圆的除夕，祝福大家节日快乐，事事如意！

"回家过年"是中国人心底的期盼，也许在外的生活不尽如人意，回家的道路有些拥挤，但一家人围坐在一起，就会发现生活是如此美丽。今天我要给大家分享的，就是一个与中国式现代化息息相关的"回家"故事。

2024年是我在外求学的第六个年头，今年也是我真正意义上第一次坐飞机回家。随着飞机高度不断下降，云层下熟悉的"小桥流水人家"景象愈加清晰。"飞机已经降落在芜宣机场"的提示音赶跑了我的瞌睡，透过飞机舷窗，我第一次看到芜宣机场的真面貌，心里抑制不住地激动。走下飞机，我迫不及待地拍下了第一张照片。整理好心情走进机场，入眼是整洁明亮的机场大厅，虽小却五脏俱全，我体验了一把极速取行李的感觉。

在机场通航前，我坐飞机回家的路可谓"一波三折"——三段路线、三个城市、三种交通工具，我也早已习惯从艳阳高照走到日落西山。打开购票软件和地铁软件查找记录，我仿佛再次身处坎坷的回乡之路上。从沈阳桃仙机场起飞抵达南京禄口机场，拖着笨重的行李乘坐地铁S1号线前往南京南站，再从南京南站乘坐高铁到达芜湖站。因此，每每听到"列车前方到达芜湖站"的播报音，我都会在心里默默呐喊："天哪！终于到了"

2021年4月，芜宣机场正式通航。"芜湖起飞"从屏幕里漂浮的弹幕变成了抬头可见的现实，芜湖人实现了在家门口坐飞机的梦想。得知消息后，我立刻打开购票软件，却发现沈阳航线暂未开通，心里一阵失落。一年后，沈阳航线官宣开通，但因为各种原因，我始终没能坐上直达的飞机。难道我和芜宣机场差点儿缘分？机场通航后，"要不你坐飞机回来吧，多方便呀"也成了家人常挂在嘴边的一句话。这次寒假，我暗下决心，"说什么也要坐飞机回去"，这才有了开头说到的一番体会。

芜宣机场

大家从我的回家故事中，不难看到芜宣机场给在外工作学习的游子带来的便利。但如果对芜宣机场再多一些了解，你就会发现它其实是中国式现代化建设芜湖篇章中的重要一笔。俗话说得好，"要想富先修路"，交通便利是城市发展的重要前提。在中国式现代化建设的征程中，芜宣机场就是芜湖发展的"滑行道"，助力芜湖飞得更高。

有了机场，经济发展得更好了。依托芜宣机场，芜湖大力发展航空产业，打造航空产业园，让低空经济真正成为芜湖经济发展的新增长极——如今，芜湖已形成涵盖航空新材料、通航整机、临空经济、低空运营等多条产业链，聚集研发、制造、运维等企业近200家。中国科学院院士吴一戎在2023低空经济发展大会上提到"芜湖是我国低空经济发展的样板"。2023年，芜宣机场旅客吞吐量突破100万人次，成为安徽第二个百万级机场、首个百万级支线机场，交出了一份亮眼的成绩单！

有了机场，旅行变得更方便了。去年，我打开视频软件，"芜宣机场芜湖—黄山短途旅游线路航班Vlog记录"一行大字跃入眼帘。对此我既困惑又好奇，困惑的是去黄山还需要坐飞机吗？好奇的是这次飞行有什么特别之处。看完视频，我才得知这是专门开通的低空观光旅游航线，游客可清楚地俯瞰皖南地区的美景，感受大自然的鬼斧神工，拥有全新的旅行体验。评论区里，大家纷纷留言"放假体验一下""改天去拍拍风景""这可太有意思了"。除了这条航线外，机场还开通了浙江建德等地的低空观光旅游航线，游客足不沾地就能将千岛湖风光尽收眼底。现在，从芜湖出发可到达多个热门旅游城市，舟山、厦门、成都、桂林、海口、哈尔滨……来一场说飞就飞的旅行不再是梦想。

有了机场，物流变得更快了。买年货、添置新衣服一直是我们家的过年传统。临近年关，各地高速车水马龙，看着货物快递详情界面"受春节影响，包裹运输时间可能延长，请耐心等待"的提示，我已经做好年后收到快递的准备。但购置完"新年战袍"，我再次打开详情界面时，发现一行小字提示我收件地有机场可能会更快收到货物。这可巧了，我家旁边不就有个芜宣机场嘛！于是，在其他快递纷纷堵在路上的时候，隔天一早，我就收到了从广州发货的新衣服。

芜宣机场的耀眼成绩是芜湖现代化建设"十年磨一剑"的硕果。机场项目启动以来，芜湖就已统筹资源发展航空产业，打造安徽航空小镇，聚天下英才而用之。芜宣机场更折射出芜湖市现代化建设的高速度、高效率和高质量，体现出中国式现代化始终坚持以人民为中心、增进民生福祉。

除了机场建设，芜湖的公交出行也同样与时俱进，带给我许多惊喜。这次回家，我发现许多公交站牌变得更智能了。公交车当前到站、下一班公交车出发时间在站牌电子显示屏上清晰显示，我再也不用在冷风中拿出手机查看公交车行驶状态，也不用因为怕错过公交车而伸着脖子苦苦张望了。

芜湖这座城市与水的缘分匪浅，古称"鸠兹"，却因"蓄水不深而多生芜藻"得名"芜湖"。长江从城中穿流而过，凤鸣湖、龙窝湖、奎潭湖点缀其中，构成了一幅和谐的画卷。芜湖的现代化建设也如水一般包容、坚韧、灵活。在中国式现代化建设的洪流里，芜湖必将顺势而上，游得更稳、更远！

　　龙年的脚步越来越近了，愿大家飞得更高，拥抱更美好的未来。让我们同芜湖一道起飞吧！

2023级国际新闻学硕士研究生

胡萍

2024年2月9日

书于安徽芜湖家中

津沽大地　光芒万丈

亲爱的老师们、同学们：

快雪时晴，佳想安善；除夕已至，尘世冬安。

不久前的2月1日，习近平总书记来到了天津老城区的古文化街，视察节日市场供应和历史文化街区保护利用等情况。街区内，如织游人选

傍晚的南运河

购着年货，诸多工匠忙得不可开交……这座拥有大量人文景观和历史景观的街区，以其特有的中国味、天津味、历史味、文化味吸引着各方游客。习近平总书记指出："要爱惜城市历史文化遗产，在保护中发展，在发展中保护。"这一殷殷嘱托，鼓励天津要在历史文脉的保护和传承中高质量发展，走出自己的现代化之路。

我出生在毗邻天津西站的南运河畔，南运河是距古文化街不远处的一条窄窄的河。这条古为京杭大运河的河道，至今仍波澜不惊地东流着，在不远处与"天津之眼"下的子牙河交汇为海河，成为哺育一代又一代津门人的母亲河。

幼时的我，常缠着姥爷到南运河畔捉蜻蜓，逮蚂蚱。牙牙学语的我，和姥爷穿过一条宽宽的胡同，便看到高坡上的铁路，不时有绿皮火车冒着蒸汽隆隆而过，我便拍手称快。姥爷说，他小时候恰逢抗美援朝战争胜利，有志愿军乘着火车凯旋，看到铁路坡下的孩童，就奋力招手，向下倾倒酥糖与水果。他抢得两三块，便与周围孩童一起欢呼蹦跳着回应志愿军，一派军民和谐之景，人们共享胜利的喜悦。我听得入了迷，再望头顶

幼时的我与姥爷在老天津西站铁路旁

的火车，不禁也幻想起"志愿军叔叔扔糖给我"的情景……

我上小学后，有一天，姥爷突然跟我说，我们不能再去铁路底下踢小石头玩了，我大惑不解。直至两年后，我看到原先的胡同变为快速路，如织车流呼啸而行；喷着蒸汽的火车变少了，取而代之的是飞驰而过的高铁；老式而简朴的砖木车站不见了，变成了崭新宽阔的现代化车站。

又过了十多个年头，天津西站成了"综合开放枢纽"，在京津冀同城商务区建设中扮演着重要的角色。在它周边，总规模5万平方米的中国建材集团绿色数智双碳创新中心已投入运营；投资19亿元的京津冀工业软件基地项目启动建设；跨子牙河的大桥也已完成方案设计……这些日新月异的工程，仿佛正向市民昭昭预示着，京津冀协同发展已经迈入崭新的阶段。

今年寒假，我返回家乡的融媒体中心实习，在撰稿拍摄的过程中，我近距离见证了家乡的新变化，心中更是感慨万千。斜阳悠悠，南运河水依旧，幼时的西站于我来说，是偌大的嬉戏之所；而当下，便是常乘高铁的返家之站。自京津城际开通，只需半小时，我便能在双城间穿梭，可谓"交通现代化"十足的受益者。

这些年来，天津着眼融入服务京津冀协同发展重大国家战略，坚持整体规划、产业先导，努力实现开发一片、成熟一片，运营一片、成功一片。近至老城区，远至天津港，天津的一切，都在向着欣欣萌发的新时代前行。

此番回津，我得了闲暇，将这座我自幼生长的城市闲逛二三。自百年前始，林立于海河两岸的工厂、码头、货站，助推了近代天津的工业发展。进入21世纪以来，这些昔日的老厂房并未退出历史舞台，而是悄然变为文创产业园区、消费商圈等，重获新生。海河东岸的天津棉3创意街区便是代表，记录了重工业曾在这座城市留下的痕迹，如今又摇身一变，以崭新的姿态出现于世人眼前。

漫步五大道，这里本为各国租界的街区。一百多年前，大沽炮台在硝烟中沦陷，八国联军用洋枪洋炮将天津攻占；无数政客在灯红酒绿和明争暗斗里挣扎与狂欢，这里渐渐沦为军阀、洋人的世外桃源……一百多年之后，这里仍旧摩肩接踵，不过却充满了人间烟火气，从全世界纷至沓来的游人，轮番观赏古罗马文艺复兴时的建筑，闲坐于街头的咖啡馆、书店，品尝着网红小吃，乘坐马车，聆听讲解员再现过去的风云故事……

过去，人们提及天津，往往会联想到煎饼馃子、狗不理包子等传统地方美食，随着时代的发展，天津的城市名片也迎来了更新换代。滨海新区有了全国最大的邮轮母港——天津国际邮轮母港，子牙河上有了全世界唯一一座桥上摩天轮——天津之眼，海河之上有了全国唯一一座立转式开启桥——解放桥……有一种爱好叫"天津人都会讲相声"，有一种娱乐叫"天津伯伯跳水"，有一种艺术叫"南桃北柳之杨柳青年画"，有一种奇观叫"冬泳是世上最健康的运动"……

津门繁华比京华，满城风雨满城花。这座曾经的"蓟北繁华第一城"，是我生于斯长于斯的故地。在新时代浪潮的激荡下，天津不断谋求"破圈"之路，以全新的面貌，迎接更多未知的机遇与挑战。

颜值与实力并存的津城，我眷恋她的烟火，见证她的腾飞，期待她的未来。在中国式现代化的路上，天津昂首向前，每一步都光芒万丈。

2022级数字出版专业本科生

王雨晴

2024年2月9日

书于天津家中

2024.2.10
第十九封信

家乡变化万千气象

亲爱的老师们、同学们：

  天地迎春，万象更新。今天是甲辰年正月初一，值此新春佳节之际，我在我的家乡成都向大家拜年，祝大家龙年吉祥，万事如意！

  去年的7月28日，习近平总书记在成都第31届世界大学生夏季运动会开幕式欢迎宴会上发表致辞，并向各国嘉宾发出邀约，欢迎大家到成都街头走走看看，体验并分享中国式现代化的万千气象。这个寒假，我又一次回到了我的故乡——成都。漫步在熟悉的大街小巷，我深切地感受到了这座历史悠久的城市在中国式现代化进程中所焕发出的勃勃生机，也迫不及待地想与你们分享我的所见所想。

  从父辈口中"建成区面积仅18平方千米"的小城，到如今总面积14,335平方千米的超大城市，这些年来，成都的发展变化日新月异，而创新无疑是引领成都发展的第一动力。以成都市中心地标天府广场为起点向正南方出发，天府大道两旁，成都的高新技术园区沿路可见，证明着这座城市高质量发展的成效。国家川藏铁路技术创新中心、国家高端航空装备技术创新中心、全国先进技术成果西部转化中心等高能级创新平台在蓉落地运行，成都目前的国家级科技创新平台已增至146家。越来越多的创新型企业和人才入驻成都，越来越多的"成都创造"不断涌现，这座城市正持续地在探索和实践中推进经济发展和产业升级，提高城市面向未来的可持续发展能力。当然，现代化都市的建设离不开发达的交通网络和完善的基础设施，我非常欣喜地看到"难于上青天"的蜀道如今已不再是阻碍地区发展的桎梏，蓉港两地高铁的"朝发夕至"、中欧班列（成渝）的开行、两个国际航空港的建设都是这座城市面向世界、与时俱进的最好证明。市内的地铁、公交系统便捷高效，乘坐公共交通出行已经成为我的习惯。发达的高速公路、铁路和航空网络，方便了市民出行和货物运输，提高了城市的通达性，同时也促进了经济的发展和区域间的交流。

虽然现代都市"车马很快"，但每每回到家乡，我总会感到我的生活"慢"了下来。在成都，我既能体会到现代都市发展的速度与激情，又可以领略到千年古城的魅力和韵味。中华优秀传统文化构成了中国式现代化实践的文化底色，正所谓一座城有一座城的气质，城市文化是一个城市独特的魅力所在，也是城市发展的重要支撑。在成都的中国式现代化进程中，文化的传承与创新始终是不可或缺的一环。成都拥有悠久的历史和丰富的文化遗产，这些宝贵的财富在现代化建设中得到了很好的保护和发扬。在成都的街头巷尾，我总能看到一些独属于这座城市的文化印记。不论是氤氲的茶馆、麻辣的食肆，还是重新修缮的历史建筑、古迹，无不承载着这座城市悠久的历史记忆和深厚的文化底蕴。在武侯祠、锦里、宽窄巷子等深受外地游客喜爱的景区，我常看到有本土艺术家或者文化机构创作具有地方特色的艺术作品，变脸表演、蜀绣体验等相关文旅产业的发展欣欣向荣。当然，川菜、川茶、川剧这些"老字号"文化和技艺不仅为游客喜闻乐见，也是镌刻在成都人民心底的成都记忆。几个月前，我曾因为拍摄川剧题材的纪录片而回到家乡调研、考察，在探访民间川剧团的过程中，我真正认识到"中国式现代化，深深植根于中华优秀传统文化"，古老的传统文化在现代化进程中也能够焕发出新的活力。传统与现代在一座城市里交融，形成了生动美丽的中国式现代化图景。

除了"历史文化名城"，"雪山下的公园城市"也是成都的城市名片之一。天气晴朗的时候，如果登高远眺，大家甚至有机会一览"窗含西

成都民间川剧团演出

岭千秋雪"的美景。一直以来，我都十分感谢家乡未曾以牺牲环境为代价来换取一时的发展，也正因如此，在公园里、广场上，我总能看见喝茶、晒太阳的人，他们的脸上总洋溢着幸福的微笑。这次回到家乡，我发现成都人民的"打卡清单"又多了一项——绿道骑行。作为国家生态文明先行示范区，成都积极实施生态工程和环保政策，加强生态环境治理和修复工作。通过一系列的治理措施，成都市目前已有各类公园1500余个，成功打造了环城的生态公园，实现了绿地、水系、湿地等自然资源的有机连接。现在，长达6,505公里的天府绿道成了市民亲近自然、休闲运动的绝佳场所，我周围已经有不少亲戚朋友达成了一日之内绕城骑行的"战绩"。越来越多的市民开始积极参与环保行动，绿色出行、节能减排等生活理念逐渐深入人心。山水人城，和谐相融，成都的绿色发展取得了显著成效，建设美丽宜居、生态和谐的现代化公园城市的愿景也正在逐步实现。

2023年7月，第31届世界大学生夏季运动会点燃了成都的盛夏，2100余万成都市民分享着与年轻的运动健儿们同频共振的兴奋与自豪，我也十分荣幸能够参与其中，发挥我的专业所长完成了一则现场报道，深入体验了这场国际盛事的魅力。在参与报道的过程中，我深切地感受到了成都在现代化建设中展现出的开放包容的国际视野。从赛场上的公平竞技，到城市街头的热情氛围，从志愿者的无私奉献，到市民的积极参与，这种开放包容的精神，不仅体现在大运会的举办上，更融入了成都现代化建设的方方面面。2023年，大运会的热情如火、国际乒联混合团体世界杯的顺利举办、成都世界科幻大会的成功落地，这一系列国际赛事和文化盛事的举办，无疑为成都描绘出了一幅开放发展的画卷。这些精彩赛事和重大活动不仅是对成都丰富的历史文化和现代化建设成就的展示，更是对其开放包容精神的集中体现。这座城市不仅拥有深厚的历史文化底蕴，还积极拥抱全球化，积极推动中外文化交流互鉴，努力增强自身的国际影响力和文化软实力。

万象换新颜，神州共欢腾。时代沃土里正萌生出新的力量，万千变化里正孕育着新的未来。我相信，在未来的日子里，我的家乡将保持昂扬向上、奋发有为的精神状态，持续推进中国式现代化发展，成为更加繁荣、宜居、开放、美好的城市。

期待在未来的某一天，你们也能够来到成都，亲身感受中国式现代化的万千气象。

正月初一，新年伊始。在这辞旧迎新、充满希望的美好日子里，我再次衷心祝愿各位老师和同学阖家欢乐，幸福安康！

2023级广播电视专业硕士研究生
张伊雲
2024年2月10日
书于成都家中

把中国式现代化书写在祖国的北疆大地上

亲爱的老师们、同学们：

展信安。

九州日丽，四海春新。甲辰年至，值此新春佳节，恭祝老师们、同学们龙行龘龘，前程朤朤，吉祥如意，幸福安康！

今天是大年初一，不知道读到这封信的你，是正在和亲人吃着团圆饭，还是在去亲朋家拜年的路上？是用一场旅行迎接崭新的一年，抑或是和家人搓着国粹麻将？此时的我在祖国正北方的内蒙古高原上，听着阵阵爆竹声，伴着家人的欢笑，望着窗外漫天的烟花和皎洁的月亮，不禁生出了"天涯共此时"的心绪。

我的家乡锡林郭勒盟锡林浩特市坐落于内蒙古中部地区，初听这座小城的名字，你可能会觉得陌生而冗长。若是说起锡林郭勒大草原和中国马都，可能你就会略有印象了。在这片土地上生长的二十余年里，我看着它从一个落后的边疆小城，一步步走向现代化。先来看看几组数据：党的十八大以来，锡林浩特市地区生产总值从2012年的194.54亿元增加至2023年的340.83亿元；2023年城乡常住居民人均可支配收入分别达到52,852元和36,425元。地区发展成果更多、更公平地惠及了人民群众。十多年来，内蒙古全区草原植被盖度和森林覆盖率分别提高到45%和23%，沙尘暴天数由每年4.9天减少到0.6天。习近平总书记在内蒙古考察时强调："边疆民族地区在走向共同富裕的道路上不能掉队。"这些

兴安盟乌兰毛都草原

数字不仅记录着我的家乡十几年的华丽蝶变，也是她走向共同富裕的有力彰显。

在北京上学的朋友，可能会感慨春秋季节的沙尘暴恐怖如斯，殊不知，我儿时在内蒙古高原见过的沙尘暴肆虐程度远不止如此。巨大的黄色沙墙犹如海啸翻涌前进，所过之处伸手不见五指，街道两边的树被狂风拦腰折断，白昼一瞬进入黄昏，天地之间归于混沌。若是像我一样对沙尘过敏的人，正常呼吸都会成为难题。十年来，"绿水青山就是金山银山"的誓言鞭策着内蒙古人把保护生态环境放在了关键位置。内蒙古人用双手种的树、植的草总面积超过了4亿亩，相当于给1/7的内蒙古、1/50的中国大地添上绿色。十年间，内蒙古人接续奋斗，在祖国北疆创造了"绿色奇迹"，昔日的"京津风沙源"变成了"首都后花园"。

还令我印象深刻的是，我刚上小学时，七八十个小学生挤在一间不大的教室里，木头板凳咯吱摇晃，木头书桌坑坑洼洼，一片裸露的黄土地就是我们的操场,教学楼里没有卫生间。没过几年,城区扩建,马路拓宽,记忆中的平房砖楼慢慢消失在城市的变迁中。超大屏的触控多媒体设备、崭新的课桌椅被搬进了我们的教室,曾经挤在一间教室里的学生被合理分配到两个班级,逐渐长高的孩子们再也不用肚子和后背都贴着桌子写字,教学楼里也建了卫生间,我们也有了电视剧里大城市孩子们用的塑胶跑道和足球场。

2023年暑期,我跟随中国传媒大学青年马克思主义学院参加兴安盟乡村振兴项目时,眼前的科右前旗让我恍惚回到了曾经的锡林浩特。但在这片看似古朴的土地上,现代化的程度也已经远超我的想象。比如,兴安家禾产业融合发展示范项目基地并不像一片农田,倒像是一个巨大的童话庄园:观光小火车蜿蜒在农田里,田边是零星的野营帐篷,供游客观赏休憩。远处重峦同蓝天相接,半山腰上尽是特色民宿,前行的路上不仅鲜花遍布,更有专供人们亲近的小牛小羊相伴。体验插秧时,望着大片大片的农田,我同农民大姐感慨了她的辛苦,大姐却爽朗一笑,表示现在早就换上了专业的播种机器,面朝黄土背朝天的日子已经结束了。在中国传媒大学和家禾联合创办的稻意博物馆中,全自动化的生产线助力了技术赋能下兴安盟的大米从中国走向世界,品牌越打越响亮。上下游产业深度相接,第一、二、三产业相互赋能,共同生长,中国传媒大学直播带货反推第一产业蓬勃发展……可以说,科右前旗在建设中国式现代化的道路上,递交了一份独具特色的答卷。

这不禁让我想起了我的家乡锡林浩特,她自身的优势是什么呢?我想,应该是与蒙古族休戚与共的蒙古马了。2014年,习近平总书记深入内蒙古考察指导工作期间,勉励干部群众:"我们干事创业就要像蒙古马那样,有一种吃苦耐劳、一往无前的精神。"幅员辽阔、美丽富饶的锡林郭勒草原孕育了源远流长的蒙古族马文化,马文化在这里的蓬勃发展拥有得天独厚的地理优势、历史渊源和现实基础。锡林郭勒盟的马规模庞大,全盟马匹存栏数量26万匹,占全区马匹数量的30%。蒙古马作为世界著名马种,2000年被列入国家级畜禽品种资源保护名录,存栏9万余匹。2024

年1月27日，首届蒙古马超级联赛在锡林浩特市举行。彩旗飘扬、马踏欢歌，来自全国各地的5000余名游客载歌载舞，500余匹蒙古马精神抖擞，一派人欢马跃的喜庆景象！近些年，锡林郭勒盟立足丰厚的马文化和马产业，全力推进"旅游+马产业"纵深发展，让"马背经济"成为文旅融合的重要引擎，带动全盟经济创新性发展、高质量发展。流光一瞬，华表千年，深深融入内蒙古各族人民血脉的蒙古马精神，已成为激励人们自强不息、不断向前的强大精神力量。

《经济日报》这样形容："今天，118万平方千米的内蒙古大地上，成片的光伏板、成排的大风车、成网的输电线、成建制的现代化制氢站、成规模的智能煤化工园区，星罗棋布，横亘东西，蔚为壮观。草原上的风与光被现代能量单位'千瓦、兆瓦、吉瓦'重新衡量，奋发向前的蒙古马精神激励着草原儿女创新进取，跨越赶超。"

极目青天日渐高，玉龙盘曲自妖娆。无边绿翠凭羊牧，一马飞歌醉碧霄。内蒙古自治区充分发挥自身地区特色，走上一条别具一格的中国式现代化之路，用一马当先、勇往直前的蒙古马精神浸润着蒙古高原的子孙后代，把万千青绿和金山银山的答卷书写在祖国的北疆大地上。青春正当时，欢迎大家到我的家乡来做客，一同感受策马扬鞭的潇洒恣意！

2021级广播电视学专业本科生

张译匀

2024年2月10日

书于锡林郭勒草原

副中心崛起绘宏图　现代化风采展新篇

亲爱的老师们、同学们：

　　入冬以来，京城两度飘雪，今日艳阳高照，可谓"瑞雪已兆丰年喜，晴冬更见盛世昌"。我先在这里祝各位老师、同学龙年行大运，阖家安康，万事如意！

　　早餐时，和父母聊起近些年副中心的变化，我不由得感慨良多，整理思绪，落笔书写，记录下这片热土悄然上演的建设奇迹。

雪天俯瞰运河商务区

习近平总书记指出，建设北京城市副中心是北京建城立都以来具有里程碑意义的一件大事，是新时代北京发展的一个重大机遇。2024年，北京城市副中心规划建设进入第八年，随着第二批市政府组成机构搬迁，北京城市副中心的发展步伐日益加快，现代化城市轮廓初显。遵循总书记世界眼光、国际标准、中国特色、高点定位的要求，副中心正逐步成为北京这座历史文化名城又一张亮丽的城市名片。

2020年8月，我转学至副中心的一所高中，自此开始了与这片土地的不解之缘——我有幸成了小小的见证者与参与者。课间时分，我时常站在教学楼顶层眺望远方，阳光照耀下的副中心到处是尘土飞扬的工地，塔吊林立，机器轰鸣，在工人们紧张有序的忙碌中，政务区、商务区的高楼如新栽种的树苗，奋力生长。

记忆中，我看过一个这样的故事。65岁的郭建华是土生土长的通州人，背着相机拍遍了通州的大街小巷。让他印象最深的是有一次拍工地夜景，头天拍觉得夜色有点暗，不太理想，第二天晚上，他再去同一地点拍摄，竟然找不到相同的画面了。原来，仅仅过了一天，眼前的建筑就高了一层。"变化太快了，城市副中心真是一天一个样！"他感慨道。

千荷泻露桥

经过8年来无数建设者辛勤的努力，副中心已从一片待开发的新土地变为北京市东南方向的新地标，彰显着物质文明和精神文明协调发展的魅力。

高效立体的市政交通网梳理着城市脉络，整合铁路、地铁、公交等城市干线的交通枢纽已初步建成；曾经的东六环如同一道难以逾越的鸿沟，将城市割裂成两片，入地改造工程全线贯通后，将这道鸿沟填平，原有的六环路上将建成高线公园，重新弥合东西两侧的道路与小区。这不仅解决了交通拥堵的问题，更为城市的未来发展打开了新的通道。去往环球影城的万盛南街的地下，不仅有地铁7号线穿梭其中，还有一条长达5.6千米的综合管廊。这条管廊如同城市的"主动脉"和"收纳包"，将各种管线集纳其中，根治了"马路拉链""空中蜘蛛网"等城市顽疾，不仅提升了城市的承载能力，更为未来的智慧城市建设奠定了坚实基础。

环球影城投入使用，三大文化建筑——城市副中心博物馆、图书馆、剧院拔地而起。城市图书馆层层卷卷的励志语句，盘旋在书籍堆成的梯田上，尽显淡雅书香与科技的绚丽融合，着实在各大社交平台上"火了一把"。

北京城市图书馆

在即将到来的春节期间，城市图书馆还将举办"福满京城，春贺神州"的"非遗零距离"系列活动——新春京剧表演，"京华滋味：北京餐食与茶食"体验式讲座，非遗文化资深学者带领参与者传习京剧、皮影戏等。这些活动如同文化的巨轮，在副中心的版图上扬帆起航，搭载着人民的精神追求，肩负着传播知识、传承文化的使命。

上大学后，学业和活动繁忙，虽然和父母见面的时间不如从前多了，但我隔一阵子总喜欢回家，一家人到大运河森林公园遛遛弯，聊聊日常，谈谈心。置身其中，微凉的空气中常有草木的清新味道和百花的香甜，万亩公园如一颗璀璨的绿宝石镶嵌在城市之中，是这片土地的"绿肺"。公园内，12万株乔木、90万株灌木摇曳生姿，与静静流淌的运河蓝绿交织，仿佛大自然与城市相拥而舞，更呈现人与自然和谐共生的温情与关怀。

这种和谐并非偶然，而是副中心的建设者深思熟虑的结果。过去，城市的建设常常以牺牲自然为代价，先筑屋舍、再添绿意的做法屡见不鲜。而今，这里却是先植新绿，后筑新城。这一转变，不仅仅是建设顺序的调整，更是对城市发展模式的深刻反思和重塑。当时的副中心建设者以"绣花"般的精细和耐心，一针一线地织造着这座城市的未来。

这或许是传统印象里现代化进程中的城市——一个拔地而起的、繁华亮丽的都市。在副中心高楼林立、复合多元的都市风貌里，仍保留着一抹热闹烟火气。

西海子公园里，燃灯塔、大光楼修葺一新。张家湾设计小镇、台湖演艺小镇人才聚集，百业俱兴。副中心的周边，西集、漷县还有许多农村市集，依然按照逢五、逢十的规矩，准点儿开市。北方小年那天，我到张湾大集去拍摄影作业，发现那里有许多变化。记忆中颠簸的小路变成了平坦的柏油马路，直接通往停车场，下了车直接就是大集进口；几乎所有铺子都摆上了二维码，很少有人再用现金，方便支付、干净卫生……然而，糖瓜儿粘甜丝丝的味道没变，冒热气的酱肉铺子没变，实惠的价格没变，热情的叫卖吆喝声没变，邻里之间的招呼也没变。市民在享受现代化便利的同时，依然能够感受到传统亲切的温暖。

作为一名见证者，我亲眼看到副中心的日新月异，深感荣幸。在这里，我看到了中国式现代化的蓬勃朝气，感受到了家乡人民对于美好生活的向往和追求。我因此更加相信，在未来的日子里，副中心将继续织造出

张湾大集

更加多彩、温馨的城乡画卷。

愿这封信能够带领你们一同感受副中心的魅力与活力。期待在未来的日子里，我们能够共同见证更多中国式现代化的辉煌成果！

顺祝各位老师、同学新春快乐，身体健康，阖家欢乐！

言不尽意，遥祝冬安！

2022级广播电视编导（电视编辑方向）专业本科生

赖泳希

2024年2月10日

书于北京通州家中

2024.2.11
第二十二封信

天地荡春潮　征途扬风帆

亲爱的老师们、同学们：

　　新春快乐！

　　此时此刻，我正在我的家乡，和家人一起欢度春节。年关过，冬日尽，在这盼望春来的日子里，我特别想与大家分享我和家乡珠海的故事。

　　"1979年，那是一个春天，有一位老人在中国的南海边画了一个圈。神话般地崛起座座城，奇迹般聚起座座金山……"

前山河畔

从北京回到珠海的那天，路边有社区晚会正在彩排，这首《春天的故事》响起时，街头巷尾都洋溢着春意。一首传唱三十余载的改革开放经典歌曲，至今仍是每年珠海春晚的必演曲目。每当听见这熟悉的旋律，我都仿佛看到了45年前的珠海，那时的它还只是一座小小渔村，如今，它已经发生了翻天覆地的变化。

"珠海缺过钱，缺过人才，缺过资源，但从没缺过发展。"自从记事以来，我就经常听父亲念叨这句话。成立经济特区后，"发展"成了珠海的第一要义。珠海1979年改县建市，陆地面积扩张两倍有余，人口数量也由1953年的12万人攀升至1990年的60万人。2021年，珠海人均GDP跃居全国前十，并成为全国唯一以整体城市景观入选"全国旅游胜地四十佳"的城市，被国家授予"幸福之城"的称号。在改革开放的现代化进程中，创新、舒适、宜居越来越成为珠海的新标签。每次回到家乡，我总能感觉到生活节奏慢下来了。走在城市公园的步道或是海边的沙滩上，看往来的人们从身边经过，心中总是充斥着一种"生活在当下"的真实感。

香山湖公园

改革开放几十载，曾经其貌不扬的小渔村如今焕发着勃勃生机，正努力向时代交上一份出色的答卷。父亲说，当年改革开放如春潮一般涌来，邓小平同志南方谈话、老百姓在家盘算粮票的日子仿佛还在昨日，可转眼间珠海已是今天高楼林立的模样。我有时忍不住会想，等我老了，看到故乡面貌日新月异，也一定会变得像父母一样，对从前的故事津津乐道。我深知，不论是一个国家还是一座城市的发展，始终离不开人的努力。曾经的珠海人烟稀少，是四方而来的建设者你一砖、我一瓦地建设了一座全新的现代化城市。若非先辈筚路蓝缕、破釜沉舟，又怎能够让我们的生活改天换地？对当下的幸福生活常怀感恩和敬畏，是我的家乡珠海教会我的第一件事情。

改革开放改的不仅仅是城市面貌，更是人们心中的观念。唯有思想脱离束缚，城市的现代化建设才能水到渠成。母亲与我讲过一件趣事：20世纪90年代，珠海香炉湾的滨海之路定名"情侣路"，这是一个直白又浪漫的名字，但放在当时的年代显得有些"前卫"了。历经争议后，"情侣路"的名字最终被正式确定下来，那里如今已经成为城市中一道温柔的景色。走在情侣路上，凉爽的海风轻拂，心亦随风而动。这个名字似乎也在诉说着一个改革开放历程中的小小插曲。对我而言，我眼中的情侣路一直在发生着令人惊喜的变化。从2019年开始，珠海市推进对情侣路沿线的改造升级项目，岸边建设了新沙滩、新公园、新步道，将水陆风景更好地融合起来。每当踏上情侣路边的沙滩，一眼望去，白浪横接天地卷卷而来，在这海天相映的景色中坐上片刻，我的疲惫和压力就会被海潮声抚平。

蜿蜒的情侣路，陪伴了无数珠海人的成长。不论是定名的趣事还是今日的改造，都体现出珠海这座城市开放包容的底色，而这也始终存在于珠海的历史脉络中。珠海地区自古便是海上贸易的重要节点，先辈们世代参与海上航道开发。汉唐以来，珠海地区便已成为广州与中东、非洲和欧洲海上贸易的必经之路。唐宋时期，珠海地区山场一带盐业经济发达，盛极一时。唐宋以后，中国对外贸易中心由北方逐渐转移到南方和东南沿海，珠海地区是中国南部城市广州到阿拉伯国家海上商道的重要驿站。而如今，一桥贯通港珠澳，天堑变通途。随着港珠澳大桥的开通，珠海又站上了崭新的历史起点，作为"一国两制"的桥头堡、粤港澳大湾区的重要节点城市，珠海未来可期。南海之滨，凤凰山下，春天的故事仍在续写。

洪鹤大桥

滔滔珠江，由此入海。泱泱南海，至此成洲。珠海作为一座新兴城市，正在书写自己的新篇章。勒杜鹃每年春天花开如翡，正如这座城市的活力年似一年，生生不息。2024年是珠海经济特区成立45周年，45年难称沧海桑田，但也足够改头换面。一代代特区人风雨兼程，将一座落后的小渔村建设成现代化海滨城市，经济社会实现历史性跨越发展，奏响了一曲动人的"春天的故事"。时光行至2024年，如今的珠海早已是另一番气象。

在2024年的新年贺词中，习近平总书记饱含深情地指出："我们的目标很宏伟，也很朴素，归根到底就是让老百姓过上更好的日子。孩子的抚养教育，年轻人的就业成才，老年人的就医养老，是家事也是国事。大家要共同努力，把这些事办好。"习近平总书记的亲切勉励，再一次为我们注入了踔厉奋发的澎湃激情。回到家乡的这几天，我更加深切地感受到，人们正带着对新年新生活的祝愿和期许，走上各自的工作岗位。机器转起来，工厂忙起来，物流跑起来，生意火起来……更多向上生长的力量，在珠海生机勃勃的土地上惊蛰而起，每个人都在追赶"很宏伟，也很朴素"的目标，去创造"更好的日子"。

春去春回，岁月如梭。展望未来，心潮澎湃。拱北口岸广场上，"珠海经济特区好"七个熠熠生辉的大字见证着珠海写下勇立潮头、破冰开局的壮丽史诗。作为中国最早设立的经济特区、粤港澳大湾区极点城市、珠江口西岸核心城市，未来的珠海也将更深刻地领会和完成中国式现代化建设的新使命。建设新时代中国特色社会主义现代化国际化经济特区的征程已经开启，践行全面深化改革开放新使命的号角已经吹响。迈向新航程，珠海人也将把改革开放进行到底，以不畏风浪、直面挑战的姿态，展现特区新担当。

行笔至此，我的耳边似乎又传来那熟悉的旋律："1992年，又是一个春天，有一位老人在中国的南海边写下诗篇。天地间荡起滚滚春潮，征途上扬起浩浩风帆……你展开了一幅百年的新画卷……"

2023级国际新闻学硕士研究生

陈的宁

2024年2月11日

书于广东珠海家中

历史与现实的交汇,我们昂首阔步新时代

亲爱的老师们、同学们:

快雪时晴,佳想安善。

新年除旧岁,岁岁贺新年。回望2023年,全国上下奋力谱写中国式现代化新篇章,时代发展车轮似滔滔江水滚滚向前,放假归家的我惊喜见得家乡日新月异,变化显而易见。

我来自襄阳,一座坐落在湖北的历史古城。

我最爱的是家乡的清晨。过早时,忙碌的店家和大快朵颐的食客共同构成了一幅热气腾腾的烟火画卷。晨练的大爷们笑声爽朗,江边垂钓的人怡然自得,孩子们雀跃地赶着上学,鸟儿清脆地鸣叫,小狗卧在路边舒展身体……一片悠然和谐的景象。我不禁感叹:"清闲如此,人生快哉!"是的,襄阳人惬意悠闲,尽情享受着慢节奏生活带给我们的舒适感和松弛感。而这正是来源于古城历史的积淀、文化的涵养。

但过去的襄阳是另一番模样。襄阳是一座依靠传统高污染工业起家的城市。记得年幼时,城市里林立的是高高的烟囱,印象里,这些烟囱无时无刻不在排放着大量的废气烟尘。尤其到秋冬季节,空气中总会弥漫着刺鼻的气味。夏日里,人们路过市里的河流会闻到垃圾腐烂的味道。那时的襄阳,垃圾堆成了山,河流变了颜色,天空蒙上了尘。可如今,人们欣喜地看见,旧时的工厂搬离了城市,河岸重新聚起了欢声笑语,蓝天再次绽开了笑容。走在街上,有看起来清清爽爽的菜场,还有越来越完善的公共设施……我看到了家乡越来越多的变化。如今的襄阳，汉江穿城过，有蓝天，有白云，还有心怀希望、充满干劲的人们。襄阳人在中国式现代化的大背景下用自己的双手让自己绽开了笑容，奔向共同的未来。我想这就是人民不断增长的获得感、幸福感、安全感最生动的彰显吧！

我再跟大家讲讲襄阳其他的显著变化吧！既是古城，古迹自然是少不了的，襄城区扼汉水南岸，也是襄阳市政府的所在地。在襄城区，建筑风格仍保留着旧时的样子。没有太多的高楼大厦，没有CBD的玻璃幕墙，没有参天的大楼，可以肆意享受一整片蓝天。若是来襄阳旅游，一定绕不开北街。这是襄阳有名的一条商业步行街，以仿明清时期的建筑群为主，用石板代替水泥地，马头墙与飞檐错落有致，北接古城墙，南连昭明台，特殊的地理位置决定了它是襄阳最亮眼的城市符号。如今，北街落落大方的样子可是来之不易。襄阳城因为历史悠久，加上战火不断，一度只剩下断壁残垣。但既是古城，何能没有古街？因此，北街的修复工程被襄阳市政府提上日程，从组织居民搬迁到文保单位开展保护复原工作，再到路面、路灯、绿化的改造……在襄阳人民的共同努力下，襄阳北街顺利修复成功，它也没有辜负襄阳人民的期待，成了襄阳亮眼的名片，吸引着一批批的游客前来探寻这条全国最长仿古街的秘密。

我最喜欢在岘山绿道上漫步，感受风拂过叶子发出的沙沙声，我喜欢大口大口地自由呼吸，任由清新的空气肆意地灌注我的身体。或许是久在钢筋水泥的"樊笼"里吧，这样的自然而然颇有些陶渊明的意味了，"悠然见南山"的含义走出了书本，走到了我的心里。很难想象，这座现在令人心旷神怡的小山在十几年前会被家长们称作"千万不能去的地方"。过去，这座坐落于市区的小山并不被市政府重视。襄阳多雨，一到雨天，山路就会变得泥泞湿滑，不知道有多少年轻气盛的小伙子在这座山上栽过跟头。我的高中老师跟我们说过他高中时关于岘山的趣事：在高考前，老师为了疏解他们的压力就带他们登了岘山，结果天公不作美，登到一半下起了大雨，他们便卡在了半山腰，因为路太滑，上也上不去，下也下不来。最后一直到天完全暗了，他们才被消防队救下来。

我曾经就读的中学已有百年历史，老校区不断修修补补，一届又一届优秀的学生从老校区走出襄阳。老校区上了年纪，校内许多建筑也就成了文保单位的保护对象。同时，学校又处于市中心，一到放学时间，车来车往经常导致交通严重堵塞，大量警力的投入也只是治标不治本。我就读时，每到放学，就会有望不到头的车流涌入本就不算宽敞的街道。考虑到老校区历史悠久，基础设施落后，不仅很难开展教学活动，而且不利于文保单位开展保护工作，市政府决定尽快落实老校区的搬迁工作，将老校区改造成历史文化公园，有序对外开放。这一措施不仅有利于优化城市的布局结构，缓解市中心的交通压力，也能更好地保护老校区的文物建筑。

在产业方面，我的家乡更是交出了一份令人欣喜的答卷。相比过去单一的产业结构，如今，襄阳成了千亿级新能源汽车之都，誓要抢占新兴技术制高点。在影视行业方面，襄阳也成为《你好，李焕英》《影》《妖猫传》等影视作品的取景地，我们也建立了汉城、唐城等影视基地支撑襄阳影视行业的发展。凡此种种，襄阳的新发展面貌仍在日新月异地改变，我深爱这古老又蓬勃的城市，我深爱这澎湃发展的城市。因为深爱，所以更加对于中国式现代化所带来的成果感到兴奋。襄阳的现代化故事正如火如荼地书写着，我的家乡不会停下中国式现代化发展的脚步，湖北省域副中心城市仍在蓬勃生长。

辞癸卯，迎甲辰。新的一年又迎新的一春，我期待着家乡的新年新气象，我们的故事没有停止书写，家乡的中国式现代化故事更是如画卷般不断铺展开来。欢迎读信的你携亲朋好友到襄阳做客，一同感受这座古城的独特魅力！

2023级广播电视学专业本科生

刘久麟

2024年2月11日

书于襄阳家中

忍冬信札2024：遇见家乡的中国式现代化

我的阿勒泰

亲爱的老师们、同学们：

　　见字如晤，展信舒颜。

　　今天是大年初三，此时此刻，读信的你一定正和家人欢度新年，我在新疆遥祝大家新春吉祥，万事胜意！

　　我是一个土生土长的哈萨克族女孩，我的家乡就位于祖国西北边陲的新疆阿勒泰。大家一定知道阿尔泰山吧！雄伟的阿尔泰山脉地处亚欧大陆腹地，山系纵横四国，绵延2000余千米，我的家乡阿勒泰便在其中段南麓。阿尔泰山脉贯穿我家乡的山体长达500多千米，最高峰友谊峰海拔4374米，风景旖旎，奇美壮丽！阿勒泰，蒙语译为"金山"，发源于此的额尔齐斯河是我国唯一一条流入北冰洋的河流，与雄伟的阿尔泰山并称"金山银水"，养育着我们民族的祖祖辈辈。我生活的县城吉木乃县与哈萨克斯坦接壤，得天独厚的地理位置让它成为一座边境贸易小镇。生于斯长于斯的我，见证了这里从交通不便、人口稀少到如今蓬勃发展、活力满满的华丽蜕变。今天，我想给大家讲讲家乡阿勒泰这几年的新变化、新发展。

　　我想很多人听说阿勒泰，应该是从李娟的《我的阿勒泰》开始的，当然还有冬季火爆的滑雪项目。我的祖辈世代以游牧为生，热情、善良、淳朴是这个民族的特质。我们有句古老的谚语："歌和马是哈萨克的两只翅膀。"一位诗人曾经这样描述："世上路走得最多的是哈萨克人，世上搬家最勤的是哈萨克人。"以前，大部分哈萨克族人过着游牧生活，他们

冬季马群

随着季节变化和草场情况，不断地迁移和转场。这种游牧生活方式对哈萨克族人来说是一种常态，也是他们与自然环境和谐共生的生存方式。他们的游牧迁徙生活主要涉及三个环节：转场、生产和家庭分工。在这个过程中，每家每户互相帮助，在放牧途中放声歌唱，大家在草原上互相串门，一起弹着冬不拉（哈萨克族传统乐器），大口吃肉，大口喝酒，大声歌唱……这样的生活虽然质朴、简单、和谐，但也有很多的不便和苦难。

转场是哈萨克族人为了适应自然环境变化，合理利用草场资源而进行的有规律的迁徙。每年春季，牧民们会将牲畜赶到山顶上的春牧场，到了夏季则转到山腰的高山夏牧场，秋天则将畜群赶到山坡或山下秋牧场，冬天则留在山脚下的冬牧场过冬。在转场的过程中，哈萨克族人需要面对长途跋涉、极端天气等困难，因此在早期交通医疗不发达和生活条件艰难时期，牧民若是在转场过程中遇到雪灾或者沙尘暴等恶劣天气，会被困在中途，甚至遭遇不测，畜群也会因为无法忍受严寒和饲料匮乏而相继死亡。

可喜的是，这种情况在国家脱贫攻坚和现代化建设过程中逐步得到了大幅改善。

忍冬信札2024：遇见家乡的中国式现代化

哈萨克族的游牧迁徙生活发生了翻天覆地的变化：首先，现代化的交通工具和通信技术使哈萨克族人的迁徙变得更加便利和高效。过去，哈萨克族人主要依靠马匹和骆驼群进行迁徙。而现在，他们可以使用摩托车、汽车等现代交通工具，大幅缩短了迁徙的时间。同时，在通信技术对牧区的普遍赋能下，牧民可以随时了解外界信息，与远方的亲友保持联系，社交能力和信息获取能力增强了。其次，现代化的农业和畜牧业技术让哈萨克族人的生产生活变得更加现代化。现代化的农业技术可以提高草场的产量和质量，使得哈萨克族人可以更好地利用草场资源。而现代化的畜牧业技术则可以提高牲畜的养殖效率和品质，增加哈萨克族人的经济收入。当然，还有很多人开始搬到城市里，也有越来越多像我这样得到国家政策帮助的学生走出大山，得到在一线城市学习的机会，我们立志学成后回去建设家乡，让家乡更能跟上时代迅速发展的脚步。

在这里，我要隆重地为大家安利我们家乡的旅游资源！阿勒泰世外桃源般的美景现在被越来越多的人熟知：夏天，喀纳斯、禾木等地成为热门的旅游景点，到了冬天，借着我们国家冬奥会的东风，作为"人类滑雪起源地"的阿勒泰更是成了冰雪运动这股热潮中的佼佼者。去年冬天，阿勒泰成功举办了首届"雪都杯"冰雪运动邀请赛。这场赛事吸引了来自全国各地的滑雪高手和冰雪运动爱好者。比赛项目丰富多样，包括高山滑雪、单板滑雪、雪地摩托等。这场比赛极大地提升了阿勒泰在冰雪运动领域的知名度和影响力。阿勒泰不仅注重冰雪运动的竞技性，还致力于将冰雪运动与旅游相结合，打造独具特色的冰雪旅游项目。比如，当地推出了"雪域探秘"之旅，我今年回到家之后体验了这场"神秘之旅"，和朋友乘坐雪地摩托穿越雪原，感受极致的速度与激情；还有"雪橇犬拉雪橇"体验项目，让我们近距离接触这些忠诚的雪地伙伴，并亲手驾驭雪橇在雪地上畅游。

在家里，我听闻侄子的学校开展了"冰雪运动进校园"活动。他自豪地告诉我，他现在可是学校滑雪队的一员，学校为他们配备了专业的教练和装备，会定期选拔专业拔尖的学员去参加各大赛事。周五，我去接他放

冬季和朋友滑雪

学,刚好看到他们在训练,孩子们在雪地上欢快地滑雪,脸上洋溢着纯真的笑容。在回家的路上,侄子斗志满满地告诉我,通过参与冰雪运动,他不仅锻炼了身体,还养成了坚强的意志和团队合作精神。通过他的描述和脸上洋溢的笑容,我意识到"冰雪运动进校园"活动的推广,不仅为阿勒泰地区的孩子们提供了一个展示自己才华的舞台,也为冰雪运动的普及和发展奠定了坚实的基础。通过这一活动,阿勒泰地区成功地将冰雪运动融入教育体系,为培养更多的冰雪运动人才作出了积极贡献。

作为地道的阿勒泰人,我回家必体验的项目当然是滑雪了!而今年,我去滑雪时发现阿勒泰当地政府加大了对滑雪设施的投资和建设,多个高标准滑雪场,如将军山滑雪场、可可托海滑雪场等,相继建成或完成升级改造。这些滑雪场配备了先进的造雪设备、滑雪器材和专业的教练团队,为游客提供了高品质的滑雪体验。通过和相关旅游部门工作的朋友交流,我了解到阿勒泰地区政府高度重视滑雪产业的发展,制定了一系列优惠政策和推广措施。例如,政府加大对滑雪场建设的投资补贴力度,降低游客的门票和住宿费用等。同时,政府还积极组织各种冰雪运动赛事和文化活动，有力提升了阿勒泰的知名度和影响力。

  我想，我是幸运的，得益于国家政策的扶持，我能够在上海和北京这两个国家一线城市学习，见识到了更大的世界。当然，从小就在外求学，也会让我有很多孤独的时刻，但一想到这片养育我的热土和质朴热情的亲人，我就会充满力量。站在阿勒泰这片充满生机与活力的土地上，我深感骄傲和自豪。我亲眼见证了阿勒泰现代化跨越式发展的壮丽历程，这不仅仅是一段经济发展的历程，更是一次文化传承与创新的过程。曾经的边陲小镇，如今已经成为国内外知名的冰雪旅游胜地，展示着中国西部的独特魅力。从基础设施的完善到教育资源的优化，从旅游业的蓬勃发展到文化交流的日益频繁，阿勒泰的每一步变化都凝聚着无数人的智慧和汗水。建设家乡没有完成时，只有进行时，阿勒泰现代化发展的进程还有很长的路要走，这片热土需要更多像我这样热爱家乡的年轻人去守护、开发和发展。

  我在我的家乡阿勒泰，真诚地邀请小伙伴们来玩一玩、看一看。希望大家跟我一同来见证阿勒泰的繁荣与崛起，去感受中国式现代化的独特魅力。我在家乡欢迎你！

2023级广播电视专业硕士研究生

穆丽德·杰恩斯别克

2024年2月12日

书于新疆家中

生而逢盛世　谱写新华章

亲爱的老师们、同学们：

岁时流转，万象更新；展信安好，见字如面。

农历甲辰龙年已至，律回春渐，新元肇始。我在这里先给大家拜年啦！祝愿大家身体安康、万事顺遂、百事从欢！

我的家乡北京，是全国的政治中心、文化中心、国际交往中心和科技创新中心。过去一年，北京正以新时代首都发展为统领，凝聚起建设中国式现代化的磅礴力量，奋力谱写新时代的崭新篇章。今天，我就向大家讲一讲我眼中的故乡北京。

人文北京

北京中轴线，北起钟鼓楼，南至永定门，保留了北京城最原始的老城风貌，为无数老北京人留下深刻而温暖的童年回忆，被誉为"北京老城的灵魂和脊梁"。时至今日，我还时常回想起小时候和伙伴们一起骑着自行车在胡同间穿梭的欢乐时光，还有小贩们卖冰糖葫芦的吆喝声，以及糖炒栗子店飘来的阵阵甜香。

众所周知，文物和文化遗产承载着中华民族的基因和血脉，是不可再生、不可替代的中华优秀文化资源。为了保护好、传承好、利用好这份宝贵的历史文化遗产，2023年起，北京市政府对北京中轴线开始实施全要素、全过程保护。从修缮文化古迹，到治理周边环境，再到改造别具传统建筑风格的商铺，北京始终坚持在保护中发展，在发展中保护。

今年初雪之时，我陪伴常年旅居国外的堂姐重游北京中轴线，一起在钟楼下的茶馆里赏雪品茶，在修葺一新的民间博物馆内观看精彩的皮影戏，深深感受到中轴线在新时代背景下彰显的古都魅力及其迸发的勃勃生机。

春节期间，厂甸庙会更是以"漫步古都中轴，共赏百年厂甸"为主题，打造"妙游·城市'书'房""遇见·宣南名士""雅游·非遗展览"三大活动板块，带领八方游客领略京味传统的时代新韵。

绿色北京

提及北京，大部分人或许都会首先想到它深厚的历史文化底蕴和先进的城市建设，殊不知，首都北京身先士卒，率先深入打好污染防治攻坚战，推进生态环境质量进一步巩固提高，在实现人与自然和谐共生的现代化道路上砥砺前行。

温榆河公园是北京市东北部地区重要的防洪通道和生态走廊。大年初二，我和家人一起来到温榆河公园赏花灯。进到园内，我发现游览的人群中不仅有附近的居民，还有许多来自其他省市的中小学生！原来，温榆河公园为了响应国家"30·60碳战略"的号召，新建了一座碳中和科普基地。园内，导游们正绘声绘色地为同学们讲解着冰川消融、一滴水、一度电的故事，带领大家了解碳与气候的知识，树立生态文明的理念。

继续南下，作为北京环境治理重点工程的亮马河在"两山"理论的指引下，也焕发出别样生机。在我过往的印象里，亮马河一直是污水直排，岸线割裂。两岸企业甚至都背对着河道经营，市民们经过也都是选择绕河而行。

然而，近年来，通过实施"五水联治"（治污水、禁地下水、用再生水、蓄雨水、抓节水）和"水岸共治"（拆除隔离打开河道；建筑立面、绿地、水岸治理无缝衔接），亮马河实现了滨河水岸空间品质的大幅提升，成功建立了生态产品价值实现机制，真正做到以河促商，以生态效益带动经济效益，以河道复兴带动城市更新。

落日余晖，晚风轻拂，如今的亮马河已然成为我们周末休闲的优选之地。人们既可在河面划艇游玩，也可在沿岸慢跑垂钓，还能在周边商区娱乐休闲。若有机会，大家不妨与我一起，开启一场都市与文化、历史与现代结合的"行进式水岸漫游"！

龙头北京

常言道，京津冀一家亲。京津冀地区古为幽燕、燕赵，三地本为一家，历史渊源深厚，文脉相融相通，春节风俗大体相同，又各显特色。如今，北京在全面落实首都城市战略地位的同时，积极贯彻新发展理念，融入新发展格局，实现从北京发展到首都发展、从单一城市发展到京津冀协同发展、从城市管理到超大城市治理的深刻转型。

在交通方面，京津冀一体化交通网络已然布局。我们现在只需搭乘半小时的城际高铁便可从北京抵达天津，吃到地地道道的狗不理包子和煎饼馃子。而落成三年的大兴机场更成为京津冀间的重要交通枢纽，辐射带动三地人员流动。

在科技创新方面，北京创新链与津冀产业链正不断进行着深度融合尝试，着力建设京津雄创新"金三角"、科创走廊以及共建科技园区，北京研发、津冀转化的路径已然成为现实。

在学术交流方面，北京通过"双创"赛事推荐、科研院所对接、分校设立等方式发挥着辐射带动作用。其中，我的母校中关村第三小学便已响应国家号召，设立雄安校区，派驻长期执行校长、管理干部和骨干教师等共12名，践行跨省域教育援建，助力我国基础教育从基本均衡走向优质均衡。

今年春节，京津冀地区还以"欢乐春节 畅享京城""天津始'钟''响'你""这么近，那么美，周末到河北"为主题，启动了"欢乐京津冀，一起过大年"新春文旅系列活动。三省市文旅局联合发布6大系列主题活动和10条精品旅游线路，鼓励三地人民共享新春福，"串门"过大年。

中国式现代化是人口规模巨大的现代化，是全体人民共同富裕的现代化。我的家乡北京以协同发展为己任，在建设现代化国家的新征程上不断彰显"北京担当"。

国际北京

"我家大门常打开，开放怀抱等你；拥抱过就有了默契，你会爱上这里。"从2008年首次成功举办奥运，到2022年的再度赴约，"北京欢迎你"和"一起向未来"的口号，不仅仅是对体育健儿的诚挚邀请，更是北京对全世界朋友的热情呼唤。中国式现代化更是走和平发展道路的现代化。北京不仅是中国的北京，也是世界的北京。

"世界大同，天下一家。"从亚太经合组织领导人非正式会议，到"一带一路"国际合作高峰论坛圆桌峰会，我有幸以志愿者的身份参与了多个在北京召开的国际会议，并在志愿服务的过程中结交到许多与我年龄相仿、来自世界各地的国际友人。

在一次次国际盛宴中，我见证了国际交流的增强，也见证了全球治理中的中国智慧、中国方案和中国力量；看到了一个越发强大自信、包容开放的中国，一个与世界同行向前、和平发展的泱泱大国。

新岁新梦想，新年新启航。2024年是中国式现代化建设的关键之年、行动之年。作为青年一辈，我们生在如此繁荣强盛的国家，拥有如此优渥的发展土壤，理应不断发展自我，提高自我，在中国式现代化建设中挺膺担当，倾听时代召唤，谱写青春华章！

最后，再次祝愿老师们、同学们新春快乐，龙年大吉！

2021级广播电视编导（电视编辑方向）专业本科生

郭雨荷

2024年2月12日

书于北京家中

以萤火举光　展家乡伟业

亲爱的老师们、同学们：

Gvaq cieng ndei!（新年好！靖西壮语）

龙年初四迎神来，喜见春归万物生。虽然新年的步子已迈到初四，但我还是想送上迟到的祝福，祝大家新的一年好运满满，龙行龘龘，前程朤朤！

腊月时节，家乡阴雨绵绵，格外寒冷，这似乎是近几年来最冷的一个冬天，但也是最"热"的一个。今年冬季，"小沙糖橘"和"小东北虎"的联名掀起了巨大的互联网浪潮，地方文旅的强势合作让我的家乡——百色走进了更多人的视野。不知道正在读信的朋友们有没有在短视频平台看到过热闹喜庆的黑衣壮婚礼、气势磅礴的通灵大峡谷、晴山如黛水如蓝的浩坤湖……

此次回乡，如往常般，我去了我中学时最爱的美食街——百色下岗街。街道的来头如其名，是20世纪90年代国企改革后，政府为了解决再就业问题，规划出的一条专门摆摊卖东西的街。岁月沉浮，三十年里，下岗街早已给一代百色人的味蕾打上了一层厚重的基底。

这里群英荟萃，梁氏炖品店的甜饭颗粒分明、软糯甘甜，天麻猪脑汤和田七鸡汤味道醇厚、滋养肠胃；无名小店的生料粥用料大方，白粥、生菜、油条、鲜料汇聚在滚烫的砂锅中，共同营造口感的奇迹；还有总是门庭若市的阿雄粉店，店内没有位置坐的时候，大家就在街边拿张高凳为桌，如此嗦粉也别有一番风味……

漫步在下岗街街头，感慨美食依旧的同时，我也看到了许多"陌生"的面孔。短短半个小时里，我遇到了8个家庭旅游团。背着大旅行包的他们，明显与本地人不同，会好奇地打量各个小店，面露难色，嘴里嘀咕着"到底吃哪家好呢"之类的话。诚然，对于旅客而言，外乡的美食总是难再品尝，在下岗街丰富的美食面前，选择困难症是所有人的通病。

在粉店嗦粉时，我与一位特地来百色旅游的东北大姐搭上了话。"昨天那粉汤里胡椒多，今天的粉汤里好像有白萝卜的味道。"她认真地向我分享她的嗦粉感悟。聊着聊着，话匣子彻底打开，大姐兴奋地将这几日的游玩经历和盘托出。谈笑间，在热情似火的脸庞面前，我真切地感受到了何为"南北一家亲"。这种实打实、面对面的对话带来的感受之真切，是平日里刷到的短视频难以传达的。南北旅游"热"，并非生硬的官方造势，而是两地民众的双向奔赴。或许我与那位大姐不会再有第二次见面的机会，但给彼此留下的感受将会成为我们对各自故土的美好记忆。

梁氏炖品店的甜饭

无名小店的鸭脚煲

但当大姐感慨"真是不虚此行"时，一种复杂的情感也涌上了我的心头。2022年，百色经历了最艰难的一个冬天。彼时，百色的不少县也才刚刚脱贫，经济尚未发展，充斥在朋友圈的各种抗疫求助帖子诉说着我们在物质层面的窘境，"百色求物资"的话题一度登上微博热搜。社会总是鱼龙混杂，在话题讨论区下，也出现了一些极端、愚昧的言论。在物质和精神双重压力下，我和我身边的许多朋友一度悲伤失落，担心家乡现状，也担心在偏见下家乡未来难以恢复发展。

但好在，事实一次次向我们证明，世上总是好人多。在百色市疫情防控指挥部发布公告后的短短5天里，我们见到一辆辆来自深圳、柳州、重庆等城的援助巴士驶进这座城市。外面的人们携光而来，里面的人们也在守望相助。我的大伯与堂哥是社区"抗疫先锋"，很长一段时间里，家里吃饭常常不见他们的踪迹，问及去哪儿了，得到的回复总是"又去社区站岗了"。

再将时间线向前回溯。2020年，百色打赢了脱贫攻坚战，实现了102万贫困人口脱贫、899个贫困村出列、12个贫困县摘帽。同样艰难的一场战役，在同样一群甘于奉献、不辞劳累的人的努力下，同样取得了胜利的硕果。

百色乐业县新化镇百坭村，是"七一勋章"获得者黄文秀生前担任驻村第一书记的地方。纪念馆中，文秀书记的扶贫日记里有这么一句话："让扶过贫的人像战争年代打过仗的人那样自豪。"文秀书记把青春献给了脱贫攻坚的伟大事业，她的精神同样影响着与她成长在同一片土地上的我们。

正是见过这片土地上的太多贫穷和无奈，走出大山的壮乡学子总是难舍心中情怀。去年我了解到，在北京，有这么一个广西大学生组织，他们已经连续12年自发组织大型公益支教活动，并予其名为"壮苗计划"。12年来，活动组织了2300余名来自国内外知名高校的大学生志愿者，足迹遍布广西14个市60个县81个村屯，活动惠及1万余名壮乡儿童。

2023年的盛夏，我也有幸加入了"壮苗"的行列。常常到了深夜时分，工作组的聊天群还在响个不停。前线的志愿者们同样不容易。我的3名中央民族大学的好友被分配到了较为僻远的乡镇小学，去到那里需要换乘3趟车，耗费10个小时，崎岖不平的山路也让这段路途显得尤为漫长。"真的是度日如年。"他们这样倾吐去路的不易。

备课同样是一大难点。以我所在的支教队伍为例,我们的授课时间仅有6天,队伍人数为10人,课时匀到每个人的手中不足24小时,如何把大学课堂内的专业知识和自身爱好编排成一节节课,再以轻松有趣的形式传递给这群渴求茁壮成长的"小苗"?这个问题令我们头痛。活动期间,队长常常拉着我们开会到深夜,换方案,调课时,改PPT。

随着与学生相处的深入,学业压力、人际关系、家庭矛盾等种种问题也向我们袭来。在支教第三晚,我们紧急召开会议。"他们在慢慢向我们敞开心扉,我们绝对不能辜负,我们必须真诚地对待。"队员们达成共识,每个人都要在课后说一句"欢迎大家在课后来找我们讨论",因为"他们是有倾诉欲望的,我们要鼓励他们说出来"。

最后,我们又紧急抽出一个晚上,把问题汇总改编成了故事脚本,让同学们合作改写,汇报演出。那晚的演出十分精彩,我站在教室后方举着手机录下了一个个视频,偶然间转过身去,却看到一名同学红了眼眶。"或许是我们把她隐藏起来的东西放到了台面上,伤害了她,也或许是她的想法有了一些改变。"那晚,我们继续复盘。

展演心理剧的同学们

幸福的是,我们的努力得到了认可。一封封信向我们羞涩地道谢,"如果有机会,我以后也要参加这种活动",一种坚韧的力量在壮乡学子间传递。

把话说得自大些,这不正是文明传承的过程,社会发展的迹象吗?是萤火成就了星光,是尘土填益了山海。中国式现代化体现在理性的数据,

我们与学生们的合照

体现在宏大的叙事，更体现在无数普通人身上，是奋斗在下岗街的一个个下岗职工，是"壮苗计划"里一个个青涩的脸庞，是扶贫战场上如文秀书记般的一个个身影。是这群平凡又不平凡的人扫去阴霾，让束束光辉照射进来，振作曾经失落过、灰心过的人们，让我们相信壮乡的发展一定会更好，相信中国的发展一定会更好。

正月初一，我从乡村老家回到县城，路遇一片人潮汹涌，人们围着篝火欢歌笑语。这里是靖西县城有名的风情景区"锦绣古镇"。

信前的家人们，那种繁华难以言表，欢迎你们来看看！

2022级网络与新媒体专业本科生
许康祥
2024年2月13日
书于靖西家中

循迹知变　见微知著

——寻找中国式现代化在家乡的生动体现

亲爱的老师们、同学们：

展信如晤。

岁月不居，时节如流。转眼间，新的一年已悄然来临。祝愿大家更宽容、更勇敢、更善良，愿每个人找到自己的渡口，千帆俱进，山遥水阔！

"卑幼盛装饰，拜尊长为寿。"越接近春节，人们的衣服越崭新鲜亮，幼时如此，如今"过年穿新衣"的习俗也不曾改变毫分。记忆里的童年，一到逢年过节，父母便会带我驱车前往东大桥的蓝岛大厦，一家店一家店地精心挑选，选到最心仪的新衣服后也不着急离开，还要搭乘电梯直奔六楼的老字号"福满楼"，吃一顿热气腾腾的铜锅涮肉，方叫心满意足。人声鼎沸的蓝岛大厦、购置年货的大人们畅快而爽朗的笑声和绵厚醇香的芝麻香味，就是我十年前记忆中最难忘的"节日前菜"！而十年后，我幸运地被坐落于东三环CBD核心区——距离蓝岛大厦仅有150米的陈经纶中学录取，命运再一次拉近了我和这座老北京商厦的距离。怀揣着儿时对这片地区的独特感情，我惊奇地发现，这里发生了翻天覆地的变化！曾经风头无两的蓝岛不再是附近唯一的购物中心，"后起之秀"如雨后春笋般接过了新时代的商业辉煌胜景，使得这里成为几乎能满足所有人购物需求的商场集合地。THE BOX朝外充满新鲜和时尚元素，俨然成了走在时代前列的年轻人必逛的潮流风向坐标；北京SKP不喧哗浮夸，精致而优雅的态度备受中高端消费者青睐；蓝色港湾、惠多港购物中心等，则更注重家庭群客的购物需求，是众多北京家庭购物的首选。

今年，我又重新逛了长楹天街等各大商圈，发现为了迎接春节，激发"年货经济"消费潜力，各商圈都铆足了劲渲染节日气氛。大红的春联、横幅等装饰为冬日增添了浓厚的节日气氛，品种丰富的各色年货琳琅满目，叫人目不暇接。

最令我惊喜的是侨福芳草地购物中心，这里不仅有春节元素的装饰，还安排了精彩的魔术表演与充满欢乐音符的新年音乐会，年味儿十足，热闹非凡。看着鳞次栉比的商厦楼宇和在其中穿行如织的消费大军，我不禁感叹社会经济发展为人们生活带来的诸多便捷与品质提升。比之过去，消费者钱包更鼓、对未来经济发展信心更足，所以也愿意购买更高品质的年货和礼品，这也让三里屯太古里、国贸CBD等商圈成为集时尚潮流、打卡文化于一身的北京"商圈文化名片"，引得无数人竞相打卡！一座座园区，一栋栋楼宇，都涌动着经济的无限活力，积蓄着无穷的发展之力。这里万余家外资企业聚集，仅跨国公司总部就达110家，数量占全市的一半以上。经过数十年发展，这里已经是与纽约曼哈顿、巴黎拉德芳斯、香港中环比肩的国际商务中心区。

繁荣的商业并不是朝阳区的全部，丰富多元的文化产业更是一枚重要的符号。朝阳区聚集了包括中央广播电视总台、北京电视台、798艺术区等知名文化产业。其中，798是东德专家建造的老工业区，同时也是我国保密级别最高的工厂之一。时间追溯至1957年，那时新中国规模最大的军用物品生产基地——国营华北无线电器材联合厂——刚刚建成，代号为718厂。1964年，718联合厂分为独立的6个军工代号厂，798厂就是其中之一。几十年过去了，798早已经褪下了"军工光环"，而文化艺术之光却持续闪亮：诸多艺术家工作室和当代艺术机构坐落于此，让798成为北京首批文化创意产业聚集地，承载着一代又一代艺术家的梦想，也见证了中国艺术的发展与变迁。每有闲暇时间，我便会和朋友漫步在798街头，在这里既能够看到各种风格的艺术作品，还能欣赏到朴素而又原始的工业美，叫人流连忘返。

说到798园区，便不得不提起同样处于过去北京重工业体系内的首钢园区。首钢高耸入云的烟囱、沸腾滚烫的高炉，都曾是独属于大工业时代的骄傲，然而环境污染问题不容忽视。于是，十多年前，为了首都的碧水蓝天和2008年北京奥运会，首钢率先搬迁到曹妃甸；2015年，当奥林匹克再一次选择了北京，首钢工业园进行了改造。前几天，我走进首钢园，发现曾经存放炼铁原料的筒仓、料仓早已被改造成了冬奥组委办公区域；老工业厂房也成了冰壶、短道速滑、花样滑冰和冰球等国家冬季项目训练基地；百年电厂摇身一变，成为接待奥运健儿的冬奥合作酒店；首钢滑雪大跳台更是与工业遗存完美融为一体，被誉为"最美水晶鞋"；"功勋高炉"也成功变身多功能秀场……首钢集团抓住北京冬奥会的历史性机遇，在保护和利用工业遗存的基础上探索"城市复兴"的新路径，使其实现凤凰涅槃，重现辉煌。首钢的转型之路是一把钥匙，打开了北京与国际接轨的奥运之门，也为北京其他的老工业区转型打好了样本！

首钢滑雪大跳台

在人们的印象里，繁华都市意味着钢筋水泥的禁锢，生活节奏如同一个永动机，让人无法喘息。然而，在我眼里，朝阳也是一个松弛感满分的地方。或许大家没有听说过亮马河，但一定知道京杭大运河。在中国，京杭大运河是仅次于长江的第二条黄金水道，并已经入选世界文化遗产名录。而京杭大运河在北京段的朝阳区被分成了通惠河、坝河、亮马河等多支水系。

过去的亮马河仅是一条简单的河道，两侧路面狭窄，水域之外两岸的空间也被一些护栏、停车场占据。此外，北京地势西高东低，地处东边下游的朝阳区还承担着治污任务。经过多年治理，以亮马河为首的骨干河道互联互通，构建起"一纵四横、多支多点、排蓄渗用"的水网，增强了水流自净能力；2019年，朝阳区启动了其景观廊道建设工程，历经多次改造，亮马河终于"旧貌换新颜"：18千米滨水慢行系统全线贯通后，市民游客沿途可饱览"一河两湖二十四桥十八景"，实现了河道、绿地、建筑无缝衔接，80万平方米的滨河公园和沉浸式的水岸体验空间成为极具特色的旅游休闲街区。美好的自然环境不但是朝阳区送给市民的礼物，更是对"人与自然和谐共生"的最好诠释。和朋友漫步河畔，只见两岸高楼华宇，河水宽阔清浅，水畔莲叶俏立、芦苇苍苍，好不惬意。傍晚的亮马河则更是精彩纷呈：亮马河国际风情水岸作为以新技术打造新场景、促进新消费的代表项目，通过融入科技元素对亮马河整体滨水空间进行提升，带给游客全新的科技、时尚体验，以科技创新实现场景创新，拉动水岸经济和夜间经济的增长。

过年期间，我发现邻居杨奶奶的生活发生了一些变化：为了方便老年生活，她住进了家附近的养老驿站。那里不仅设有爱心食堂，为老人提供实惠可口的饭菜，有床位供老人休息，还能理发、按摩。老人家讲，驿站还会不定期举办各种活动，比如剪纸、插画等，容易上手且富有趣味性，老伙伴们都乐在其中。老人们每天早上七点多到驿站，晚上五点多由子女接回，生活起居得到妥善照料，还保证了与子女们陪伴、相处的时间。看着老人乐呵呵的神情，我想，子女们终于可以放心了。

这种"托老所"式的养老方式叫作"驿站式养老",是北京市推广的一种新型养老模式。与之前的养老院相比,养老驿站在管理和服务方面更加精细具体,更加强调个性化服务,按需定制特色居家养老服务项目,满足老人的各项生活需求。"治国有常,利民为本。"从一砖一瓦的河道改造更新到文化经济的综合发展,处处体现着人民至上的党的二十大精神,体现着中国式现代化的独特优势。

　　循迹知变,见微知著。近年来,首都的发展太多也太快,然而在万千变化中,最核心的部分永远不变,那就是中国式现代化的基本思路永远不变。中国城市居民已达9亿之多,在实现城市快速发展的同时,提升人民的获得感、幸福感、价值感,是人类文明历史上空前的伟大事业。这要求我们的发展不能仅仅停留在GDP的单纯增长,更应当切实关注民生需求,保护文化脉络,依民之需,遂民之愿,使城市的每一个角落都充满人情温暖,让市民的每一个声音都被听到。我欣喜地看见,我的家乡在中国式现代化进程的舞台上正勇立潮头,引领风气之先。

　　龙年已至,龙是中华民族的图腾与独特文化标识,寓意着威武刚健,象征着智慧吉祥。新的一年,祝愿诸君都能抖擞生龙活虎的精神,保持潜龙在渊的定力,鼓舞龙腾虎跃的气势,为了心中的梦想笃行不怠,在中国式现代化的伟大征程上昂首阔步,为了更加美好的中国拼搏奋斗!

2023级数字出版专业本科生

高羽翯

2024年2月13日

书于北京家中

由老一辈的故事看中国式现代化

亲爱的老师们、同学们：

新年伊始，喜乐长安。

非常荣幸能在新春佳节和大家以书信的方式见面。在这里，我先给大家拜年啦，祝福大家平安喜乐，幸福安康，万事胜意，龙年吉祥！

除夕夜，相信大家都和家人一起观看了热热闹闹的春节联欢晚会，吃上了具有家乡特色和家庭温情的年夜饭，或许还有各自独一无二的家庭活动。我家，就召开了一次"家庭茶话会"。在这个晚上，我的姥姥姥爷拿出了一本我从未见过的老相册，向我讲述了他们年轻时的故事。一张张发旧的老照片，诉说着他们的过去，也折射出北京和中国的发展变迁……

过去的过去

20世纪70年代，我的姥姥不过十几二十岁，当时的她在北京的稀有金属提炼厂（后来改称为稀贵金属提炼厂）上班。因为厂子设在通县（现北京通州区），那时还未通公交车，所以她每天早晚定时定点乘坐厂子派出拉货的"130大敞篷车"上下班，单程约32千米，要花费近一个半小时。"那种车没有车顶，只是三面有木质或铁质的挡板，厂子在车里放上几个小马扎就是我们的座位了。夏天烈日炎炎就晒着，冬天寒风刺骨就冻着，现在想想是挺苦的。"她陷入了回忆，静静地讲述着。

她是工厂的学徒,刚开始工作的时候,一个月挣19块8分钱(本应是17块8分钱,因为她曾下乡插队一年多,所以每月能多挣两块钱)。她平日的工作就是和同事们一起在淀影水和电子管厂等单位的下脚料等废料中找到银解点,经过加工沉淀、电解提纯、地炉冶炼等工序提炼出金银等贵金属并上交银行国库,践行着新中国第一个科技规划中的"开发有色金属的提炼技术",也响应着"向科学进军"的时代号召。

20世纪80年代,我的姥爷作为交通部公路一局的一名工人代表被派往伊拉克修建桥梁。姥爷告诉我:"我走的那天,你姥姥带着你妈妈到机场送我,你妈妈特别想跟我一块儿走。那时候,她从来没去过机场,没见过在陆地上的那么大的飞机,更别说真正坐上飞机走出国门了。"我忍不住问他走出国门时怀揣着怎样的心情。他说虽然当时伊拉克战乱不断,但是自己并未因此而心生恐惧,只是想着自己能代表中国到其他国家建造大桥是一件挺了不起的事情。

初到伊拉克,姥爷对于建桥技术的认识基本还停留在他在北京学习到的拱桥等技术简单、跨度较短、承载力较低的普通桥梁。看到建桥要用到的梯梁时,他还曾经一头雾水:这个大铁疙瘩是什么?这怎么得插钢绞线、用千斤顶拉才能用?

在伊拉克的建桥工程启动后,他一边干活,一边了解。原来这是预应力桥要用到的材料和技术——在地上用水泥打好梯梁,再将它们排列好固定在桥面上,起到连接作用,还能增加桥梁的承载力。之后,再经过铺钢筋、打水泥、铺沥青等工程就算是把这座桥建造得差不多了。他带着骄傲的神情指着照片上他身旁初见雏形的大桥对我说:"你看,这桥上面大概三百多根梯梁,都是我打上去的!"

回到北京以后,为了宣传和推广预应力桥的建桥技术,姥爷和他的同事根据伊拉克之行中建造的这座预应力桥搭建了一个还原模型,以此展现给这片土地上更多的人。从那一座大大的桥,到这一座小小的桥,姥爷倾注了许多时间、精力与心血。那时的他也并未意识到,自己成了一朵浪花,汇入了祖国现代化建设的浪潮之中。

姥爷等人和他们在伊拉克建造的大桥

姥爷和他的同事们正在制作桥梁模型

后来,北京在开路架桥的工程上投入了更多。高速公路和立交桥的建设都进入了迅速发展的阶段。1995年,京通快速(西起朝阳区大望桥,东至通州区北苑桥)正式通车;1999年,西直门立交桥拔地而起……随

整个桥梁模型已完工

着公路与大桥的建设越发完善，北京的公共交通范围也越来越向郊区延伸。那时，姥姥上下班已经可以乘坐公交车了。当时使用的乘车凭据是"月票"，按照"市区"和"郊区"不同的收费标准以月为单位收取费用。

鲜活的当下

历经千锤百炼，突飞猛进的建桥技术推动造就了当下高楼林立、四通八达的北京。据统计，北京立交桥的数量约为130个，堪称中国之最。多数立交桥跨越了多条道路，能够缓解城市交通压力并优化交通流量。北京的交通基础设施建设速度也不断创造着新高。截至2024年2月，北京市高速公路总里程已达到1196千米，一条条放射线、环状线和联络线，串联起了"车轮上的京津冀"。就在去年，南起京哈高速立交，北至潞苑北大街，全长约16千米的北京"地下东六环"运通隧道建设工程实现了地下通道贯通。

这项工程不仅先后攻克了16米级超大直径盾构精准始发、同步双液注浆新技术应用等十余项核心技术难题，还创造了最高单日24米掘进的纪录，达到了盾构掘进"始发零风险、隧道零渗漏、地面微扰动、安全零事故"的国内领先水平。看到北京的这些发展成就，我的姥爷认真地告诉我："现在的建桥修路技术可比我们当时的先进太多啦！"

道路的建设、交通的发展，不仅为人们的出行提供了越来越多的选择，还在很大程度上缩短了同等里程下的交通时间。如今的北京，拥有着遍布市区与郊区，跨越42,726千米的1633条公交车路线、蜘蛛网似的错综复杂的地铁线路，路边随处可见的共享单车和"滴滴"上就能叫到的出租车等各式各样的公共交通工具任你选择，带你去到北京的各个角落。50年前姥姥上班需要花费一个半小时的路程如今走京哈高速只需要28分钟。

21世纪初所用到的"月票"也早已被"一卡通"取代，"一卡通"又从实体卡片发展到了使用手机就可以刷卡乘车。值得一提的是，60岁以上的老年人可以刷老年卡免费乘坐公交车。

退休的姥姥姥爷也时常乘车到北京各个公园去走一走、逛一逛，享受着每一天的生活。去年，我和姥姥姥爷一起去通州区绿心公园玩的时候，看到了姥姥以前工厂的旧址。姥姥告诉我，过去那种冶炼金属的方法虽然能够提炼贵金属，但是由于要用到酸、碱等化学物质，对土壤环境有着不小的危害，所以国家早就不让炼了，她们的工厂现在并入了化工厂，也已经不存在了。

姥姥和其他柔力球队员打球

游玩之余，姥姥还加入了社区街道的柔力球（一种太极式、具有民族特色的球类运动）队伍，和她的朋友们一起相约练习技巧、编排节目。

2021年，姥姥和她的队友们参加了北京市社会体育指导员交流展示系列通州站的比赛，还拿到了一等奖的优异成绩！她说："我们老年人现在有几千块钱的退休金，打打球还能锻炼身体，不愁吃不愁穿，坐车出去又免费，我还能和老姐妹一起玩，仔细想想，现在的福利待遇真的特别好，所以我特别开心，特别知足。"

姥姥和其他柔力球队员一起参加比赛

自从去过海南之后，姥姥姥爷也有些迷恋上了海边的生活。这几年一进入秋天，姥姥姥爷就商量着去海南住一段时间。两个人拎着行李，坐上飞机，三四个小时就落地了。等到冬去春来，他们再坐飞机回到北京。你看，飞机也成了我们日常能够频繁使用的交通方式之一。

写在最后的话

从我记事起，北京就是一座现代化气息非常浓厚的城市，科学技术的快速迭代发展在我眼中更像是为城市发展锦上添花。而在姥姥姥爷那一辈人眼中，北京的发展才是这块锦织起来的过程。我的姥姥姥爷的经历是中国现代化过程中小小的一个缩影，是无数像他们一样平凡的人在各自的岗位上默默耕耘，铸就了今天的北京，今天的中国。

什么是中国式现代化？科学发展是现代化，技术更迭是现代化，高楼大厦是现代化，地下隧道是现代化。但其实我更想和大家分享的是：污染生态的贵金属提炼方式的落幕是中国式现代化；飞机成了普通家庭也可以选择的出行方式是中国式现代化；我的姥姥能够在退休以后获得经济来源和支撑，和朋友们一起打柔力球是中国式现代化；所有老年人能够老有所养、老有所依是中国式现代化。

我何其有幸可以在家乡北京遇到这么多来自全国各地的老师和同学，又何其有幸可以在今天把姥姥姥爷的故事讲给大家听。有人曾感慨北京都市的繁华，有人曾赞美北京生活中数字化的广泛应用、便利快捷，这些都是现在日常生活中大家可以直观看到、听到、使用到的，所以我把老一辈经历的现代化的故事讲给大家听，希望大家能够看到中国式现代化背后的一个又一个鲜活的人，也衷心希望大家在大学生活中、在和北京打交道的过程中能够越来越喜欢北京。

因为，便利便捷是北京，热热闹闹是北京，烟火人间也是北京。

2022级国际新闻与传播专业本科生

赵景彦

2024年2月14日

书于北京家中

忍冬信札2024：遇见家乡的中国式现代化

现代化灯火点亮百年港城

亲爱的老师们、同学们：

展信佳。

福备箕畴，万事顺遂！景星庆云，抬头见喜！

今天是甲辰龙年正月初五，距离我们正式放假已经过去了一个多月。多日未见甚是想念，但我感觉离京回家的场景依然历历在目。

那日黄昏时分，列车离开繁华的京城向着一座小城奔去。随着一站又一站的经停，车厢里的乡音越来越纯正，越来越亲切了。"你这是要干啥去啊？""我回我老家。""你老家哪行（hang，在东北方言里，读三声）的？""营口。""那咱俩是老乡啊。"听到这儿，一股暖流涌入心间，那熟悉而亲切的乡音瞬间将我带回了那个与我纵使远隔千里却依旧有着千丝万缕联系的小城。

我的家乡辽宁省营口市，是一座鲜为人知的小城。小城虽小，但幸福感不少。这座小城气候宜人，四季分明，可谓"春有百花，秋有月，夏有凉风，冬有雪"。在这座小城里，人们夏天可以在明媚的日光下冲浪画沙，也可以于柔和的月光里听海入眠；冬日可以在晶莹剔透的琉璃冰面上自在滑行，也可以于洁白如絮的飞扬雪花间享受温泉，亦可在热气腾腾的铜锅旁品尝酸菜血肠。

营口坐落于渤海之畔，辽河之滨。如此得天独厚的地理条件不仅让美味的海鲜佳肴成为我们营口人餐桌上的常客，也让营口享有"百年港城"

香喷喷的酸菜火锅

的美名。河蟹、海锥、玻璃牛等各种海鲜为营口所独有；生腌、加啤酒煮等各种烹调方式，让海鲜的"鲜"与"美"在味蕾上绽放。

当列车的广播里出现"营口"二字时，我方才如梦初醒一般，走出回忆，走下列车，走进现实中的营口。熟悉而亲切的气息扑面而来，这或许就是家的味道。这次赴京读书，是我离开家乡最久的一次。离开这里，我才意识到，这里是我记忆中的根。遥想小的时候，我常常与父母到辽河边散步，辽河的水滚滚向前，将我的思绪带到无尽的远方。爸爸常说："这辽河水是营口人的根，滋养了一代又一代的营口人。"于是，我和家人一致决定重启我童年时代的辽河之旅，沿着刚刚修建的辽河景观带饱览家乡的风景。正是这条辽河景观带的建立，让营口文旅实现了跨越式的进步。我们先去了坐落于海边的牛耳广场，夏天的

牛耳广场的海与日落

牛耳广场是听海散心的好去处，海浪拍打着海岸，心灵徜徉在九霄。一路向东，宽敞的景观道两边皆是利用风能发电的路灯，将绿色低碳的现代化发展践行到底。

营口是一座古老而年轻的城市。它能历经现代化的发展，亦能承载几千年的历史文明。坐落于辽河入海口左岸的西炮台历经几百年的雨打风吹，散发着永恒的魅力。这座修建于清朝光绪年间的炮台，曾历经甲午中日战争的硝烟。这些围墙与炮台承载着历史的重量，也见证着岁月的痕迹。市政府多次投资对炮台进行修复，以及对周边环境进行整治。纵使现代化的车轮滚滚向前，这些文物所承载的时间的重量与所珍藏的民族的记忆，依旧会成为我们现代化发展进程中不竭的源泉与动力。现代化发展的内涵不仅包含着日新月异的"变"，也包含着保护与沉淀的"不变"。"变"为"不变"提供着无穷的生机与活力，"不变"则为"变"酿造着厚重而永恒的奇迹。如此，中国式现代化发展的长河才能川流不息。

车窗外天空澄澈晴朗，芦苇塘一片红海铺向天际。妈妈说："这是红海滩，你小时候来过的，只是现在它叫永远角湿地公园了，这里自从变成公园后，环境肉眼可见地变好了。"自从被改作自然保护公园，每至夏秋季节，这里一望无际的红色海滩不仅给人们带来了无与伦比的视觉体验，也为一些野生动物提供了美好的栖息家园。早年间，湿地附近的垃圾填埋厂、污水处理厂和炼油厂造成的污染导致湿地的面积大大缩减。渐渐地，夏秋季许多动物都开始"缺席"。习近平总书记曾经提出："绿水青山就是金山银山。"中国式现代化是人与自然和谐共生的现代化，是可持续发展的现代化。随着永远角被划为自然保护区，那些重污染的

永远角湿地公园

工厂陆续关闭，一些久违的动物朋友也回归了。那片铺向天际的红色湿地间，野兔、狐狸、丹顶鹤依稀可见，海鸥、白鹭、大雁时而在天空盘旋，时而在水中游弋。物质财富与精神财富的双丰收，恰好向我们证明了"绿水青山就是金山银山"的道理。

1861年，营口市作为东北第一个对外开放的通商口岸正式开港，因此，如今的营口享有"百年港城"的美誉。彼时，辽河老街也随之建立，国内富商咸集于此，西方各国商人纷至沓来。老街上华洋同处，中外并陈，商号林立，贸易聚兴，成为近代东北最繁华的商贸中心和金融中心，那是这座百年港城的"黄金时代"。如今，时过境迁，岁月只留下了一些中西合璧的近代建筑与这条见证历史的老街。白天，走在老街上，穿梭在这些近代建筑间，你会有一种穿越历史的感觉。傍晚，这条老街则被浓浓的烟火气笼罩，抚平了都市人心。空气中，新疆羊肉串的味道、长沙臭豆腐的味道、东北锅包肉的味道等来自五湖四海的味道交织在一起；今年夏天最火

老街里的美食街

的大白梨老式汽水的吆喝声、泰顺祥相声社里的欢笑声、游乐园海盗船上的尖叫声等各种声音交织在一起；河蟹、龙虾造型的花灯，闪耀的拱形龙门，火红的大灯笼等各种灯光与色彩交织在一起。声、光、色、味等各种信息，爆炸式地轰炸着你的感官，让你迷失在这浓浓的人间烟火气里。"人生代代无穷已，江月年年望相似。"一百年前，商贾聚集于此做着生意，为营口带来了经济的发展。一百年后，这里升腾着浓浓的烟火气，地摊经济加速了疫情之后的经济复苏。一百多年，换了人间。不变的是，老街依旧是那个为营口带来财富的幸福源泉。

我们离开老街时，正好迎上了落日。如血的残阳坠入辽河，一天的压

辽河大桥与夕阳坠海

力与烦恼也随着夕阳的轨迹完全消散于水天交接之处。值得一说的是，营口是中国唯一能看见夕阳坠海的地级市。这一次辽河景观道之旅，也可以说是一次营口现代化进程的见证之旅，让我一方面感叹家乡的发展，另一方面也感激着这条景观大道。这条路让人们可以一站式地体验一座城的文化特色，无疑是营口文旅的一张亮丽的名片。

今年"尔滨"大哥爆火，作为"东北老弟"的营口也有了打造特色文旅项目，吸引"南方小土豆"到来的想法。在我看来，若想在文旅上实现"破圈"，既需要政府的全力支持，也需要宣传的创意与力度。作为传媒学子，我要不断提升自己的专业技能，利用自己所学的专业知识，为家乡的文旅产业贡献绵薄之力。

悠久的历史连接着这座城的过去，现代化发展的浪潮塑造着这座城的现在与未来。历史与现代交汇，共同谱写着这座百年港城崭新的明天。

2023级数字出版专业本科生
戴溪研
2024年2月14日
书于辽宁营口家中

东北振兴，沈阳在路上

亲爱的老师们、同学们：

见字如面。

首先，我在这里祝大家龙年吉祥，万事如意！

大家都看过央视2024年龙年春晚了吧！还记得四个分会场吗？在长沙惊叹璀璨的烟火，在喀什见证迪丽热巴"美神降临"，在长安城与李白共同吟诵《将进酒》，在沈阳的冰雪中感受东北"老铁"似火的热情。今天，借着这个机会，关于我的家乡沈阳，我有些话想对大家说。

可以说，春晚沈阳分会场足以让每个东北人热泪盈眶。张淇一声呐喊"咱们都回家乡啊——"，唱出了每一个远行的东北人内心的万千思绪。中国工业博物馆的老车间化身时尚的舞台，郎朗用钢琴弹奏东北民歌，工业齿轮变为中国鼓，"彩电塔"上唱起摇滚，沈阳街头亲人们相拥……作为一个沈阳人，在春晚的舞台上见到"沈阳"两个闪闪发光的大字立于璀璨夜色中，我说："咱们沈阳可算是'出

沈阳故宫大政殿

息'一回！"

起初，当我第一次听到我的家乡城市入选春晚分会场的消息时，我本以为舞台会选在浑河两岸清新的绿地公园，或者最有代表性的名胜"沈阳故宫""大帅府"等处。没想到，导演组竟将舞台定在了中国工业博物馆室内。我很是疑惑，博物馆怎么办晚会？相比于其他开阔敞亮的晚会会场，这里可谓"又小又挤"，狭小的空间能"跳得开"吗？听了导演的解释，我的疑惑才得以解开。

大帅府（张学良故居）古建筑群

春晚沈阳分会场导演吕媛说道："我们要在一个有历史厚重感的老工业博物馆里，来展现现代工业、现代沈阳的时代气息。当艺术和科技碰撞在一起，一定能够带给大家崭新的、蓬勃向上的氛围感。"的确，中国工业博物馆内，无声的工业展品其实是整个中国工业发展历史的浓缩。这是沈阳最为骄傲和最为人称道的特色。

沈阳有着"共和国长子"和"东方鲁尔"的美誉，沈阳制造在天宫、蛟龙、神舟、航母、大飞机等领域的影响举足轻重。老工业博物馆遇上春晚，艺术遇上现代工业和科技。即使在冰天雪地，我们也能感受到火一般的热情。不少网民评论说，这一次的春晚沈阳分会场让大家看到了闪闪发光的大东北，看到了东北振兴的决心。

东北振兴，这个口号对于我们来说似乎是老生常谈。习近平总书记指出，东北资源条件好，产业基础比较雄厚，区位优势独特，发展潜力巨大。这么多年，东北究竟在哪方面振兴？应该如何振兴？在庆祝中国共产党成立100周年大会上的讲话中，习近平总书记提出了中国式现代化的概念。党的二十大报告明确指出："中国式现代化，是中国共产党领导的社会主义现代化,既有各国现代化的共同特征,更有基于自己国情的中国特色。"东北振兴同样如此。这次寒假回到沈阳,我真切地感受到了身边的变化。

提到铁西区,我想为大家安利我的"精神老家"——红梅文创园。红梅文创园位于沈阳市铁西区卫工北街。这里曾是沈阳红梅味精厂,建厂距今已有80年的历史。我猜大家对"铁西区"这个名字并不陌生。这里是中国著名的重工业区,数百个新中国工业史上的"第一"都在这里诞生:新中国第一枚金属国徽、第一台C620-1普通车床……然而,随着城市转型,代表繁荣的根根烟囱却逐渐演变为一种失落的符号。21世纪到来,红梅厂被关停,只留下约6万平方米的荒置厂房。

现在,红梅企业遗弃的旧厂房摇身一变,成了文创园。这里有味觉博物馆、红梅书屋、发酵艺术中心……从前,红梅是人们舌尖的调味品;如今,这里成了人们精神文明的调味品。曾经的"原料库"现在储存着各类演出场地和脱口秀俱乐部,有着"东北最大livehouse"之称;岁月斑驳的车间被改建成了咖啡厅与甜品店,吸引着来自全国各地的年轻人。老一辈在这里追溯光辉岁月,新一代在这里追寻对艺

"原料库"Livehouse 内的演出

术的热爱与梦想。

"发酵艺术中心"举办展览

这个假期，我有幸加入红梅文创园"青禾艺术"中心，成为一名美育志愿者，每天泡在"文艺范"满满的文创园中，与老师们共同观摩大师作画、搭建艺术展览、策划创意市集，度过了无数充实的时光。就在今年年初，《彩虹岛——杨放个展》及《空想家的自由诗》等艺术展览在发酵艺术中心陆续开幕。作为红梅文创园2024年的新年首展，此次展览依托"东北是家"的大主题，正迎合了当下沈阳的冰雪旅游热。

"青禾艺术"美育志愿者引导孩子们看展览

正所谓"东北从不缺文化，只是需要复兴"。现代化的春风浸润着沈阳老城区，让这座"一朝发祥地，两代帝王都"的老城焕发了新的生机。沈阳的历史底蕴非常深厚。沈阳曾名"盛京",是清太祖努尔哈赤的都城,孕育了太阳鸟图腾文化。沈阳还有另一个名字"奉天",为奉天承运之意,清朝在这里设立了奉天府。沈阳已发现的文物古迹达1100余处。沈阳故宫、清昭陵和清福陵等129处被列为市级以上文物保护单位。其中,国家级文物保护单位10处,省级文物保护单位33处,市级文物保护单位86处,另有许多建筑已被确定为沈阳市不可移动文物。

如今正值旅游旺季,借着"不太冷、不太远、不太难、不太贵"的冰雪产业特色,沈阳也一跃成为热门旅游城市。数据显示,今年春节假期,沈阳旅游订单量同比增长幅度为1500%。沈阳迎来甲辰龙年首个旅游高峰。

这个假期,我的一位南方室友决定来沈阳旅游。借这个机会,我也第一次做了一回"地陪导游"。不做不知道,做了才发现,我竟然对自己的家乡所知甚少!外地人趋之若鹜的沈阳故宫、大帅府等历史名胜,我竟然很久都不曾踏足。这次以游客的身份与家乡见面,我惊叹于之前从未留意的变化。从前作为市民公园的沈阳故宫焕然一新,如今挤满了人。我在园中闲逛时,不时有带着南方口音甚至是讲着外语的男女老少从我身边经过;穿着龙袍、格格装拍照的男孩女孩随处可见,仿佛穿越回了清朝;老园区内还增加了数字展厅,运用3D建模技术以交互游戏装置的形式,让游客全方位地接触、了解文物。看着这一派热闹景象,我感叹:"沈阳,你是真的火了!"

当听到春晚节目《冬日暖阳》的旋律时,我再次泪目。"当你抬头看天上雪花,它一定会带你回家。"外面的世界固然好,但我们从未遗忘家乡。在北京上学的我,每时每刻都面临着未来去向的抉择。是留在东北家乡,还是走出去闯一闯?这个问题我至今还没有一个确定的答案。但每年往返于首都北京与家乡沈阳之间,我不断刷新着心中对于这座城市的认识。沈阳不是中国发展最快的城市,也不是一座完美的城市,却是一座有温度、有性格、有信仰的城市。正如春晚歌曲所唱:"你看那飘雪的家乡闪着光啊——"沈阳这座以工业闻名的城市，正借着这股新时代的"东北风"乘势而上。

最后，趁着年还没过完，雪也还没融化，欢迎各位"老铁"来沈阳看看！

2021级国际新闻与传播专业本科生
刘天然
2024年2月15日
书于沈阳家中

于太湖明珠望中国道路

亲爱的老师们、同学们：

快雪时晴，候问安善。

值此正月初六之际，我祝福大家"财运亨通步步高，日子红火腾腾起"！

新春佳节，阳光普照，我与家人驱车数里，赏太湖美景。1958年，郭沫若曾在无锡鼋头渚留下"太湖绝佳处，毕竟在鼋头"的诗句。跨两省，依五市，太湖只捧出了一颗明珠；大运河蜿蜒3200多千米、流经35座城市，唯独在此处留下了"江南水弄堂，运河绝版地"的印迹。这是我

无锡鼋头渚赏樱阁

的家乡无锡，"一曲吴歌酒半酣，声声字字是江南"。无锡拥有着"太湖明珠"的美称，而近年来，因为当地独特的饮食口味，也有不少网民称无锡为"甜都"。

纵然古时的太湖"三万六千顷，千顷颇黎色"，如今的太湖以明媚湖光"包孕吴越"，然而，在幼时的我心中，太湖全然非眼前的模样。

我至今依然记得，十余年前，紧靠我所居小区的街道尽头，"矗立"着两个方方正正的巨型机器，上面写着"自来水净化"的字样。两个"庞然大物"一年年任风雨侵蚀，字迹早已斑驳不堪，亦让人回想起2007年那场震惊全国的噩梦。2007年，太湖爆发了严重的蓝藻污染，无锡全城自来水被污染，生活用水和饮用水严重短缺，超市、商店里的桶装水被抢购一空。如今再提起这事，奶奶还是一阵唏嘘。

"人与自然是生命共同体，无止境地向自然索取甚至破坏自然必然会遭到大自然的报复。"党的二十大报告所言早在十余年前得到惨痛印证。幸而，十余年来，在党中央的领导下，省委、省政府深入贯彻习近平生态文明思想，坚决落实总书记关于太湖治理的重要指示精神，全力以赴，只争朝夕。转、截、修、引、捞，投资超千亿的科学综合治理成效显著。2023年，太湖首次被生态环境部评为良好湖泊，无锡水域总氮、总磷浓度和富营养化指数达2007年以来的最好水平。

漫步湖岸，深吸一口气，顿感心旷神怡。中国式现代化是人与自然和谐共生的现代化。如今的太湖，波光粼粼，水天一色，红嘴鸥从西伯利亚远道而来，无数生灵觅得栖息之所。岸边人潮如织，人们徜徉湖光、休憩身心。而曾经的噩梦虽为警示，但终已成往事。当地人民面对太湖，一曲"太湖美，美就美在太湖水"婉转悠扬，道尽人湖相依的牵绊，流连钟爱早已取代了曾经的嫌弃。而那街头的"庞然大物"也早已被拆除，于人们的记忆深处化为灰烬。新时代的无锡坚定不移走生产发展、生活富裕、生态良好的文明发展道路，不断推进中国式现代化的生动实践。

"梁溪源出惠山，其袤三十里。"若说运河出产了无锡千载的富贵风流，梁溪则更似母亲河一般。我幼年时的求学之路，就蜿蜒在这古今交汇的梁溪之域。小学校门口就是古墙黑瓦，"钱锺书故居"的牌匾低调儒雅，恰如这学富五车的一家。这本已成为上学路上稀疏平常的风景，每日路过权当背景板，直到五年级时，在一次班会课上，校长亲自带领我们全班同学共同走进了这书香门第。这里书卷气息浸润整个空间，而"钱锺书"也从书上冰冷疏离的文豪之名化作生动可亲的家乡故人。在校长的带领下，"红色教授"张闻天故居、文理大师顾毓琇故居、二胡艺术家阿炳故居都留下了我的足迹。

无锡始终坚持物质文明和精神文明相协调，在中国式现代化的康庄大道上不辍前行。芳草佳木间，昔时斗米尺布皆为温饱，今日发展之利普惠民生；人文渊薮地，此间名士别于书斋文人，务实笃行积厚流光。

如今，造型各异、功能不同的钟书房已经超过100所，遍布无锡巷陌。人们可以在这里聆听钱锺书经典文学作品片段、免费借阅他的著作，也可以点杯咖啡消磨时光。

近日来，我还听闻多所博物馆落成。我来到刚落成的无锡梅里遗址博物馆，"镇馆之宝"陶鬲与鸭形壶吸引着参观者驻足，与相隔千里的河南二里头遗址博物馆互证着"泰伯奔吴"的文化传说。各式各样的文化活动丰富着百姓的生活，连续四年捧回"中国最具幸福感城市"奖杯的背后，是无锡始终践行全体人民共同富裕的中国式现代化，把增进人民福祉、促进人的全面发展作为出发点和落脚点。

位于梁溪区的东林书院始建于北宋，重建于明代。"风声雨声读书声，声声入耳；家事国事天下事，事事关心"闻名于世，"黜浮靡，崇实学"的东林学风影响至今。由茂新面粉厂改造的无锡中国民族工商业博物馆，收藏着"何以无锡"的基因库。今天，无锡这曲"江南调"的主旋律依旧是"工业风"，无锡入围中国企业、中国制造业、中国服务业、中国民营企业四张500强榜单的企业总数，多年稳居全省第一。2023年，规上工业总产值超2.5万亿元，规模超2000亿元的产业集群达6个，比2022年增加4个。

说来惭愧，就在不久前，身为无锡人的我刚刚从短视频平台上得知《流浪地球2》《封神》等影视佳作竟均是在无锡拍摄的，为此，我特地前去无锡国家数字电影产业园一探究竟。在中国式现代化的进程中，无锡华莱坞通过数字科技赋能产业革新，加速朝着电影工业4.0迈进。物联网、集成电路、生物医药、软件与信息技术服务……更多的前沿产业在无锡生根发芽，为这座江南古城输送着新时代的磅礴力量。

无锡大剧院

经世济民，古今一揆。在加速奔向中国式现代化的壮阔航程中，无锡持续探寻着人文经济共生共荣的发展密码。于太湖明珠望见中国道路，而每一代人生生不息的奋斗，永远是这片土地最鲜活的注脚，也是推动中国式现代化的原动力。

新的一年，愿家乡安好，愿国家昌盛，愿你我都在中国式现代化的道路上寻到心灵居所与生命意义。

2023数字出版专业本科生

赵珉

2024年2月15日

书于无锡家中

富裕阳光之城：绘就现代版《富春山居图》

亲爱的老师们、同学们：

见字如晤，展信舒颜。

正值正月初七，祝大家春节快乐，阖家幸福，事业有成，学业顺利，龙年行大运！

在此次寒假返乡期间，我看到了中国式现代化在家乡的万千气象，见证着家乡在新时代的崭新图景，希望能通过个体的叙事，讲好家乡的故事。

走在杭州的大街小巷，依旧还能看到亚运会留下的许多痕迹，透过杭州第19届亚运会，中国与世界认识了一个活力浙江。浙江以习近平新时代中国特色社会主义思想为统领，以"弄潮儿向涛头立"的开拓精神和奋进实践，持续深化落实"八八战略"，不断书写中国式现代化的精彩故事。从G20杭州峰会到杭州亚运会，杭州始终以开放包容、创新进取的姿态，向世界展现着中国式现代化的美好图景。

曾有人说，奔腾向前的钱塘江，是盘旋在杭州大地之上的一条巨龙，灵动秀丽的西湖和湘湖则是杭州的一双明眸。碧波荡漾的西湖之水流淌出无数名人佳句，白乐天说"最爱湖东行不足，绿杨阴里白沙堤"，苏东坡说"水光潋滟晴方好，山色空蒙雨亦奇"，杨诚斋说"接天莲叶无穷碧，映日荷花别样红"，这些脍炙人口的经典诗句，跨越千年，融入当今的西湖，让西湖这颗明珠依旧熠熠生辉。

忍冬信札2024：遇见家乡的中国式现代化

西湖的湖光山色

"上有天堂，下有苏杭"，杭州被称为"人间天堂"。相比大名鼎鼎的杭州，我更希望能向大家讲述关于杭州市富阳区的故事。今年是富阳撤市设区第十年，在十年的发展中，我眼中的富阳发生了日新月异的变化。自2020年起，富阳连续三年获评中国最具幸福感城区，而这也是所有富阳人越来越真切的共同感受。如今，人们的幸福感、获得感和满足感不断提升。如果说每座城市都有自己的幸福密码，那么，富阳的幸福密码就藏在自己的名字里：富阳——生活富裕、生命阳光。

生活富裕：现代版《富春山居图》的幸福基础

改革创新是城市发展的不竭动力，富阳大刀阔斧关停造纸等高污染产业，走好"绿水青山就是金山银山"的发展道路，用最大诚意和最优政策吸引高层次人才，打造银湖科技城和杭州富春湾新城，奋力实现产业转型。在今年寒假，我曾两次路过银湖科技城，它虽看起来还不及杭州滨江热闹，但科技发展潜力是值得期待的。

今年是龙年，富阳有许多龙的元素，其中龙门古镇是国家4A级景区，完好保存着恢宏的明清古建筑群，是三国时东吴大帝孙权后裔最大的聚居地，历史悠久，文化深厚。东汉名士严子陵在游览龙门山时称赞"此地山清水秀，胜似吕梁龙门"，龙门古镇因此得名。年前我去了一趟龙门古镇，如今的古镇已不再是我童年记忆中的模样，除了古镇原貌外，目前还增添了临水咖啡吧、扎染体验店、手作面包店、匠人工艺坊、古镇图书馆、米酒博物馆、非遗展示馆等诸多新场所，不断满足着游客们的新需求。今年春节期间，富阳区文化和广电旅游体育局还推出了"富春寻龙"Citywalk计划，策划了多条主题线路，其中就有龙门古镇年味之旅线路。

龙门古镇

与此同时，高铁和地铁线路的陆续开通，不断加速着城市的发展步伐，提升着人们的出行质量。大年初三，我和朋友坐上地铁六号线，去了一趟杭州野生动物世界，这就是那个在2021年5月因金钱豹出逃而上了热搜的动物园。动物园是我小学春游的必去之地，这次故地重游，曾经漫长的大巴之旅变成了只有几站地铁的惬

龙门古镇义门

龙门古镇的咖啡吧

尺距离。在过年热情洋溢的氛围中,我们在熊猫殿期待大熊猫丽丽、半半的出现,在森林剧场看充满年味的鸟类表演,还看到了白狮子、白老虎和白犀牛。

除了上面谈到的这些,其实富阳还有许多其他变化。比如,我今年收到的新年挂历就是富阳博物馆的文创产品,而富阳博物馆正是普利兹克奖获得者王澍的建筑作品,建筑风格极具现代美感,可行可望,可游可居。可以说,富阳的发展是中国式现代化的生动实践,富阳人民的幸福生活正是现代版《富春山居图》的现实基础。

生命阳光:现代版《富春山居图》的幸福基调

"天下佳山水,古今推富春。"据了解,富阳投入14.9亿元修复富春江两岸35千米生态岸线,建设精品绿道330千米,精心描绘"三江两岸"黄金旅游线,分段打造富春山居卷首段、现代都市卷中段、烟雨桐洲卷尾段,再现"五十里春江花月夜,百里富春山居图"盛景,获评国家生态文明建设示范区。

在夏日的黄昏时分,我喜欢与家人在晚餐后沿着江边绿道悠然散步,道路两旁绿意盎然,人们能尽享夏夜的清凉与宁静。我们通常一直走到夜色宁静时,月光如水般洒落在江面上,闪烁着点点银光。而在春节期间,家门前的富春江畔便成了欢乐的海洋,前来拜年的亲朋好友纷纷来到江边游玩。无论是夏日的悠闲散步,还是春节的欢聚一堂,富春江畔都留下了我们的欢乐记忆，也承载了我们对美好生活的向往和期待。

"我想，读书总是不会错的，我们围绕幸福的话题不断探讨、畅想，我们努力让富春江的水变得更加清澈，也是不会错的，因为这些都是关乎心灵的事，也曾是我们这个时代忽略、怠慢的事。"麦家曾这样说。麦家是富阳本地作家，著有长篇小说《解密》《暗算》等。除了文字作品外，我还看到了一些与富阳息息相关的影视作品，比如电影《春江水暖》和电视剧《富春山居》，还有自媒体博主"夏冰雹频道"发布的短视频。这些作品丰富了富阳的文化内涵，为外界提供了一个了解富阳的窗口，进一步推动了富阳文化的传播与发展。

精神文明程度是衡量一座城市与人民幸福程度的重要指标之一，富阳精神文明建设的核心正是生命阳光的底色。这种底色，象征着积极向上的生活态度和精神风貌，成为富阳城市发展的重要支撑和动力源泉，使得作为《富春山居图》实景地和原创地的富阳，奋力绘就属于新时代的崭新的"富春山居图"。身为杭州富阳人，我诚邀大家有空时来富阳走一走、看一看，共赏现代版的大美"富春山居图"。

2023级广播电视学硕士研究生
王璐瑶
2024年2月16日
书于杭州富阳家中

古城新貌　盛世繁华

亲爱的老师们、同学们：

兹有书翰遥寄，值此农历甲辰龙年、藏历木龙年正月初七之良辰，愿各位新春如意，恭祝鸿禧云集。

此时我在圣城拉萨，远处的山上瑞雪皑皑。春风已至，寒意未消。安坐庐中，看着窗外，伴着酥油茶的清香，我不由陷入回忆，想起每当自己在外求学后回到家乡时映入眼帘的变化，甚是感慨，所以在此想跟各位分享我眼中的故乡拉萨。

我的家乡拉萨这座千年古城，坐落在喜马拉雅山脉北麓，是西藏自治区首府，更是藏传佛教圣地。城市传吟千年古韵，自公元7世纪中叶，赞普松赞干布统一吐蕃诸部，便选择拉萨作为都城，建立了辉煌的吐蕃王朝。此后，拉萨作为西藏政治、文化、宗教和经济的中心，不断发展，孕生出小昭寺、大昭寺、布达拉宫等雄伟壮观的佛教寺院和宫殿，形成西藏独特的藏式建筑风格，同样也造就了西藏厚重的历史和文化底蕴。

在漫长的历史长河中，曾经的拉萨也是一座十分封闭且落后的城市。西藏有着独特的地理条件：藏北伫立着昆仑山、念青唐古拉山、冈底斯山等山脉；藏南谷地位于冈底斯山脉和喜马拉雅山脉之间；藏东是高山峡谷，系横断山脉的一部分；藏西则为著名的喜马拉雅山脉。这种被群山环绕的地理条件，使历史上的西藏成了一个落后且与外界相对隔绝的地方。

从最基础的交通来讲，地貌的复杂、气候的独特使得西藏的交通基础设施建设面临着巨大的挑战。记得小时候，拉萨的交通并不便利，甚至城市中心的有些街道都狭窄且坑洼不平，每当雨季来临时，泥泞的道路总是让人举步维艰。交通的不便严重阻碍了西藏与祖国内地以及其他地区的交流合作，也限制了这里的经济发展。

曾经，每当提到拉萨，多数人对这里的印象总是落后贫穷、物资匮乏、百姓困厄。20世纪世界上描述这片土地的文章，大多都如英国作家谢尔顿在他的《消失的地平线》中提到的那样，只是描绘其神秘色彩，而几乎未展现出现代文明的任何特征。中华人民共和国成立后，青藏公路的建成让人们对这片土地不再陌生，尤其是改革开放后，一首《回到拉萨》使更多的人与这个神秘的世界第一次邂逅，而让无数人真正走进西藏、走进拉萨这座古老城市的则是伴随着一首《天路》映入眼帘的绿皮火车。

青藏铁路意味着什么？作为一名土生土长的拉萨人，我有幸见证了青藏铁路带给这片土地的福祉。这条铁路大大缩短了西藏与内地间的交通时间、降低了运输成本，在这片人烟稀少的大地上，突然之间，商贸和旅游业蓬勃发展，经济持续腾飞。这条驶向青藏高原的天路不仅促进了不同民族同胞与西藏人民的交往、交流与交融，使来自四面八方的朋友能够切身感受西藏的风土人情，也让本地人有机会去往内地领略祖国的大好山河。可以说，青藏铁路的建成不仅具有重大的历史、经济、区域和国际意义，也是西藏在新时代迈入中国式现代化的一个缩影。

新时代以来，拉萨这座古城每年正在以肉眼可见的速度迈向现代化，回想自己在十几年前准备奔赴内地读西藏班时，拉萨虽是一座城市，但比起内地城市，规模不大，人口不多，车辆稀少，教育水平和文化设施也相对落后，人们的生活水平同样不高，很多人还在为基本的温饱问题而努力。尽管如此，家乡的人民勤劳善良，淳朴敦厚，始终怀揣着对美好生活的向往和憧憬，期待着家乡有更好的未来。而到了十几年后的今天，柳梧新区、教育城等的建设日新月异，原来记忆中那座不大的小城，如今也有了现代都市的样子。谁能想到，十几年前城市的南端，拉萨河的对岸几乎没有任何建筑，短短数年间，商场、剧院拔地而起。每当夜幕低垂，华灯初上，拉萨的夜晚在河边缓缓展开璀璨的画卷，霓虹灯如彩虹般跃动，流光溢彩，将天际线描绘得如梦如幻。高楼外的LED幕墙灯熠熠生辉，与星空交相辉映，仿佛整座城市的繁华与活力都凝聚在这一片灯火辉煌之中。河面上，两岸的倒影随着水波荡漾，摇曳生姿，仿佛整座城市的璀璨都被这河水揽入怀中。微风轻拂，带着丝丝凉意，却带不走城市的热闹与繁华。行人在河边的石板路上络绎不绝，在光影中穿梭，或悠闲漫步，或驻足欣赏，感受着新时代现代化拉萨的无限魅力。

今天的拉萨，触目所及，皆非畴昔。楼宇矗立，参差错落，街道宽广，车马如梭……每当见到此景，我甚至会对自己从小生活的城市产生一丝恍惚，眼前的一切是如此陌生，道路两旁的建筑、新建的惠民设施、大大小小新开的商铺、运动场以及遍布每个社区的公园，这一切恍如隔世。而到了老城区，一切又是如此熟悉。大昭寺那金色的屋顶在阳光下闪闪发光，吸引着无数的信徒和游客前来朝拜；小昭寺则隐藏在一片宁静之中，让人感受到一种深沉的宗教氛围；八廓街石板路的两旁商铺林立，不再像过去那样凌乱无序；还有雄伟的布达拉宫矗立在城市中心。岁月在老城区留下了深深的痕迹，像一位沧桑而富有故事的老者，每一个角落都散发着浓厚的历史与文化气息。而其身旁的新城区，像一个活泼的孩童，有着无限未来。孩子依偎在老人的身旁，倾听着过去的故事，也在书写着这座城市的新篇章。

拉萨，这座坐落在雪域高原的古老城市，在新时代的春风中焕发出勃勃生机。这里，是中国式现代化的缩影，也是包容而不失其特色的典范。

拉萨市人民政府高瞻远瞩，坚持海纳百川、共同发展的理念，不断推动着传统与现代的结合。经过多年的经营与建设，如今，家乡的街头巷尾，藏式建筑风格的传统元素不仅没有随着迅猛的现代化建设而消失，反而被巧妙地融入现代建筑艺术风格之中，使得这座城市既充满现代气息，又不失传统韵味。种带有民族特色的设计思路，不仅是对民族传统文化的尊重和保护，也是践行党和国家民族政策的切实举措。

来自祖国各地的援藏人才自20世纪70年代以来不断支援西藏，不仅使得本地产业迅速发展，更使拉萨乃至整个西藏自治区的教育水平不断提高，士子受惠。

党和国家对西藏地区实行内地西藏班政策，我正是其中的受益者。得益于国家的扶持，我才有幸跨越千山万水，在广东、江西和首都北京等地求学。在内地优质教育资源的培养下，我不仅收获了丰富的知识，更在人生道路上获得了许多宝贵的机遇。

还记得当初第一次踏上祖国内地土地时的震撼与激动，眼前的一切仿佛让我置身于梦幻之中。我从未想过除了雪山，大楼也能直插云霄，也未曾想过街上车水马龙，人群川流不息的场景，这让我想到卢照邻的诗句"长安大道连狭斜，青牛白马七香车"。他或许也正是目睹了长安城的繁华，才写下了这样的佳句。

回首过往，我见证了故乡一段波澜壮阔的历程。在中国式现代化的引领下，这座古老而神秘的城市焕发出前所未有的生机与活力，展现出新旧交替、包容和谐的面貌。城市面貌的日新月异、文化教育的繁荣昌盛以及人民生活的幸福美满，都离不开党的英明领导和祖国内地对西藏这片土地的关怀和扶持。藏族古老的元素完美融入中国式现代化的旋律之中，拉萨正向世界谱写一曲歌颂民族团结、经济高速发展、人民安居乐业的华美乐章。我有幸乐在其中，寄希望于自己能够融入其中。

兹书至此，岁序更新，春风送暖，万象更新。再次祝愿各位老师、同学，春风得意马蹄疾，一帆风顺事业兴，诸事顺遂，福泽绵长！

2023级广播电视专业硕士研究生

洛桑益西

2024年2月16日

书于拉萨家中

你好南昌，你好现代化

亲爱的老师们、同学们：

展信佳！

寒假恍惚间已过半，在正月里，我也为大家送上真诚的祝福，祝大家龙年大吉，新的一年身体健康，万事如意，阖家幸福！

你好，南昌！一座地铁贯通的城市！

我家在南昌郊区边缘，记忆里，年幼的我每次和爸妈出门前总要在电脑上查找好公交车路线才能安心出门，然后耗费一个小时以上的时间到达目的地，过高的时间成本让我们降低了出游频率。终于，2015年，南昌的第一条地铁通车，让这座城市有了更多的活力。寒假返乡，我在地铁站里望着地铁线路图，图中的璜溪站显得尤为突出，家乡的所在区域也已经被地铁串联起来，变得不再闭塞。如今，南昌地铁不仅实现了从无到有，还迎来了"线网时代"和"环射时代"，越来越多的市民将乘坐地铁作为首选出行方式。

地铁是城市公共交通的重要组成部分，地铁的出现也标志着城市轨道交通进入现代化阶段，交通方式的现代化为包括南昌在内的所有城市注入了新活力。地铁不仅缓解了城市交通拥堵，提高了城市居民的出行效率，也为城市经济发展和社会运行提供了源源不断的动能。你好，南昌！你好，现代化中的交通！

璜溪站站台

你好，南昌！一座新晋网红城市！

早在一千多年前的唐朝，南昌就因为王勃的一篇《滕王阁序》而闻名天下，"落霞与孤鹜齐飞，秋水共长天一色"至今仍被传唱。一千多年后的2023年，南昌出人意料地成为一座新晋网红城市，这座常年"存在感低"的城市被放在聚光灯下，引来了旅游爱好者的关注。在节假日时，"南昌滕王阁有一亿人""南昌万寿宫有一亿人"。趁着放假在家，我来到万寿宫历史文化街，走在充满历史气息的石街上，叩响木门上的铺首，推开会吱呀响的木窗，与历史进行虽短暂却又深刻的交谈。在这里，除去历史气息，还有奇思妙想的文创产品与当地特色美食。游客们为一杯瓦罐冰激凌排长队，被瓷质小茶壶吸引，为一碗拌粉、一份白糖糕等每一份南昌特色小吃而驻足。夜幕降临，万家灯火亮起，街上人来人往，熙熙攘攘。每一座南昌地标都在向游客展示它的热情！

南昌是"诗情流淌、文脉悠长"的国家历史文化名城，滕王阁飞阁流丹,名扬天下;"千年侯国,传奇海昏"的海昏侯国遗址重现大汉光耀;八大山人纪念馆里的书画苍劲有力,逸气横生。这里也是婉约词宗晏殊、晏几道的故里;还是革命圣地,是军旗升起的地方。那年八一,以"河山统一"为号,南昌打响了武装反抗国民党反动派的第一枪。南昌还曾凝聚血与火的烟云,吹响新四军的集结号。

近年来,南昌深挖文旅消费市场潜力,全力推动创新特色美食、文化演艺、旅游观光等多元化夜间经济消费业态,倾力打造一张张文旅新名片,为居民营造更加丰富多彩的生活,成为网红城市就是南昌旅游产业发展迅速的缩影。旅游景点的多元化与多样态,旅游文创的生产与制造,旅游环境的改进与优化,为南昌经济发展提供了强大的驱动力,并始终与现代化道路遥相呼应。你好,南昌!你好,现代化中的旅游!

你好,南昌!一座绿色生态城市!

久居家中,百无聊赖,我便乘坐地铁到鱼尾洲湿地公园。小时候,我常来这座公园,但现在这公园模样大变。公园的规模有所扩大,各处都做了改造,精美的绿化带令人赏心悦目,整洁的路面让人舒心踏实,清新的空气使人神清气爽,从前人们避而远之的小黑沟现在已经成为清澈见底的河流,公园里充满生机活力。近年来,南昌市牢固树立和践行"绿水青山就是金山银山"的理念,以提高生态环境质量为核心,统筹污染治理、生态保护,持续推进生态环境治理体系和治理能力现代化,努力为全市人民提供优美的生态环境。以治岸、治水、护水为抓手,深入推进水环境综合治理,以点滴努力呵护清水碧波,鱼尾洲湿地公园凭借高颜值、年轻化等特点成为南昌新晋网红打卡地。

经过多年的努力,"绿色"已经成为南昌的底色。早在2015年,南昌就被评为"国家森林城市",全市剔除湿地面积后的森林覆盖率达35.04%;2017年,南昌摘得"国家级水生态文明城市"金字招牌;2022年,南昌先后入选第二批国际湿地城市、国家海绵城市建设示范城市、国家废旧物资循环利用体系建设重点城市名单,"山水名城、生态都市"的美誉度和影响力不断提升。绿水迤迤去，青山相向开。从湾里梅岭到西山山脉层峦叠翠，千山竞绿；从扬子洲头到乌沙河上游段碧波荡漾，鱼翔浅底……生态是南昌的本色，积蓄勃勃生机；绿色是南昌的底色，孕育无限希望。你好，南昌！你好，现代化中的生态发展！

你好，南昌！一座文化教育发展的城市！

回家途中路过小时就读的小学，我不禁驻足。校门口的名字由"望城新区中心小学"变成了"南昌市新建经开区第一中心学校"，校园里记忆中的两栋红墙楼房已经增加到五栋，班级数量也由个位数增加到两位数，教室里传来学生们积极回答问题的声音，明亮的教室环境、智能的教学设施、丰富的教学课程以及雄厚的师资力量，都展现着这个学校的蜕变。在和老师聊天的过程中，我看到学校里举办的趣味运动会、元旦联欢会、演讲比赛、才艺大赛、春秋日出游活动的张张照片，看见学生们脸上洋溢着自信与快乐，心里满是喜悦。教育的现代化发展让家乡的孩子们能够在良好的环境中学习，接受更加全面优质的教育。除去学校教育的变化，更让我眼前一亮的是出现在学校不远处的一座孺子书房，了解过后，我才知道这是南昌市新建的免费图书馆。从前，我们要去图书馆，只能去到市中心，花费很长时间的同时很可能没有空余位置供我们阅读用，现在孺子书房的建设使南昌市全民阅读成为可能。书房里人不多，但大家都十分专注，书香气息浓郁，贯穿大街小巷。

教育是国家发展的基石，教育问题一直是群众非常关心的问题。南昌市关注民生，听取民意，大力推动文化教育的发展。近一年，南昌就新增学前教育网点22个、义务教育网点18个，新增学位总数32,180个、园位总数6240个。截至2023年12月底，孺子书房累计接待读者超160万人次，图书借阅量为18万余册次。在南昌，公共文化服务网越织越密，70多座孺子书房分布于南昌市的各个地区。孺子书房已成为英雄城最具温度的文化地标之一，用贴心的读者服务打造出属于南昌的一道靓丽的风景线。近年来,南昌全面推进精品图书馆建设,越来越多诸如孺子书房这样的造型新颖、功能丰富、深受年轻人喜爱的"网红"精品图书馆投入使用,吸引更多的市民走进图书馆。你好,南昌!你好,现代化中的文化与教育!

孺子书房

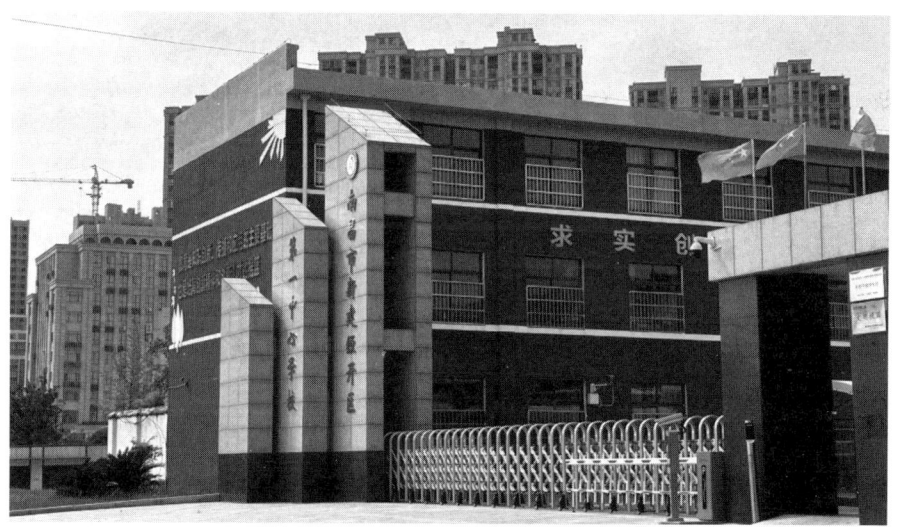

南昌市新建经开区第一中心学校

赣江大桥

南昌市迎新春赣江烟花秀

  大年初一那天，南昌市在赣江边组织烟花秀，我有幸前去观看。盛大的烟花在空中绽放，无人机摆出新年祝福，向会聚于赣江两岸的各地游客展示南昌的独特魅力。看着亮起灯光的赣江大桥，望着缓缓转动的"南昌之星"，听着赣江两岸的欢呼声，我恍惚间有一种初见南昌的感觉。虽然在这里长大，我行走在城市中的机会却少之又少，总觉得南昌停止在我的记忆中，殊不知它已然在现代化的道路上奋斗不止。

你好，南昌！你好，现代化！

2023级网络与新媒体专业本科生
李文琳
2024年2月16日
书于南昌家中

忍冬信札2024：遇见家乡的中国式现代化

2024.2.17
第三十五封信

大同古都换新颜　城市发展开新篇

亲爱的老师们、同学们：

　　岁月如虹，流年似锦。值此新春佳节，祝大家平安顺遂，万事如意！

　　假期我回到了母亲的家乡——山西大同，去看望姥爷姥姥。与以往不同，这一次，我和母亲选择从清河站出发搭乘高铁前往大同。复兴号如剑镏金，一路飞驰向前，不到两个小时即可到达。窗外的蓝

北京市清河站

天白云映入眼帘，使我不禁回忆起之前乘坐汽车或绿皮火车去往山西的情景。近几年，国家铁路网覆盖的范围越来越广，我回大同的旅途也越来越便捷。

　　大同是"十四五"规划的全国80个交通枢纽城市之一，它坐落于华北地区中部，晋冀蒙三省区交界处。从大张高铁开通、大西高铁全线贯通到三条新高铁线路竞相开工，大同的交通网络里程不断增加，客运量不断提升，服务质量不断优化。大同铁路发展的脚步没有停歇，实现了

从落后到繁荣的转变。在一条条铁轨上奔驰的动车书写了这座城市现代化的标点。

大同铁路不只有客运线路，还有货运线路。坐在去往大同的高铁上，时而可以看见长长的运煤火车。大同被称为"煤都"，丰富的煤矿资源是大同的名片之一。之前提起大同，人们一定会联想到污染。如今，在习近平生态文明思想的指导下，大同市不断推进生态文明建设，去年，大同空气质量优良天数比例超过80%，水质和土地质量也有所提高，成功书写了蓝天碧水间的生态"答卷"。生态宜居、绿色发展已然成为大同的崭新形象，展现出中国式现代化是人与自然和谐共生的现代化。

大同市货运线路

我和家人漫步在大同的街道上，看见了不远处高耸的城墙——大同古城墙。这座城墙历史悠久，可以追溯至北魏拓跋氏建都，历经汉、魏、唐、辽、金、元几朝，在明代增筑，后经大小战役受到不同程度的损坏。在政府的大力支持下，大同古城进行了保护性开发。如今，全面修缮并合拢的城墙成为古城发展的一个亮眼注脚。城墙的作用已从军事防御转变为历史传承，厚重的城墙承载了历史云烟，也开启了发展新篇。

大同古城墙城门

　　几年前，大同城墙上只有较为单一的骑自行车项目，部分楼阁只提供外观观赏，而没有开放内部游览。我这次夜登城墙，发现风景已大不相同，除了原有的自行车项目，城墙上新添了大型真人剧本杀项目。游客可以穿着汉服，走进剧情中探索解密，来一场跨越千年的历史体验。

　　现如今，城墙上开放了几座城楼，有的成了书店邮局，有的卖起了饮料小吃。我和母亲进入大隐书局，这里空间不大，但书籍文创齐全，还提供明信片和邮票，人们可以将信件投入店中的邮筒寄出。我看见收银台的桌子上有一些印章，便打开随身携带的集章本，盖上一枚枚颜色多彩、图案精致的印章。图案不仅有大同城墙，还有庄严典雅的观音像、雕刻"辉武修文"的牌匾、大气磅礴的楷书"凤临阁"……许多游人也驻足盖章，留下美好印记。在小红书上搜索大同旅游攻略，会出现一些集章线路的分享。这些小小的印章成为连接人与景点的新桥梁，也成为城市宣传推广的新途径。

　　走进古城，你会发现其中保留了许多古建筑，如钟楼、鼓楼、魁星

大同古城

大同市部分景区印章

楼、华严寺、九龙壁等。城墙外高楼林立，城墙内砖瓦如浪，漫步在方方正正的古城中，古迹随处可见。近几年，大同古城中的博物馆越来越多，大同市博物馆、北朝博物馆、辽金元民族融合博物馆等文博场所通过通关文牒盖章打卡系列活动形成多馆联动，使游客可以从其中一馆启程，进而探访更多的博物馆。

云冈石窟是山西的著名景点之一，位于大同市西郊十余公里外的武州山南麓，我小时候去过一次，当时印象最深的便是那尊露天大佛。大佛端坐在石台上，眉目舒展，鼻梁挺直，整个石窟大气恢宏，气势磅礴。这次假期参观，我发现云冈石窟景区有了新的变化。景区入口不远处有云冈院史馆和云冈美术馆，里面展出了许多画家为云冈石窟创作的油画和国画，这些色彩斑斓的作品勾勒出了石窟的风采，展现了佛像的庄严与宏伟。云冈院史馆会不定期播放云冈石窟的影像资料与纪录片，像一个小型电影院，向人们展示、传播石窟的历史与文化。

走近石窟，人们可以看到千百尊大大小小的佛像，历经岁月沧桑，一些佛像显露出被侵蚀的痕迹，但仍不失北魏造像的质朴厚重。石窟依山而建，山脚下有几处房屋错落有致。我走进其中一家院落，只见室内茶香四溢，茶馆中沉香袅袅、灯穗飘飘，木桌上摆放着茶壶、茶杯和茶点，墙上张贴着

云冈石窟

末茶的制作工艺，以图文并茂的形式介绍了蒸青、烘焙、揉捻、干燥、研磨等制茶步骤。

通向云冈石窟出口的道路两旁是小吃街，各类小吃琳琅满目，香气扑鼻。小吃街上人来人往，叫卖声此起彼伏。如果说石窟佛像充满了浓浓的古韵，那么，这里便充满了生活的烟火气息。

厚重的历史为这座城市留下

云冈美术馆

了许多文化遗产。大同拥有世界文化遗产1处，国家级重点文物保护单位30处，省级重点保护文物单位63处，古建筑、古遗址达280多处。这些历史遗产没有随着岁月的风霜蒙上灰尘，而是在时代的洗礼下，有了更加丰富的文化价值和内涵。近年来，大同秉持着"传承历史文脉、丰富古城业态、留住市井气息"的建设思路，以文兴旅、以旅兴城。大同借助文旅融

合的春风，挖掘城市深厚的文化底蕴，全力打造文旅精品项目，促进二三产业结构优化升级，实现高质量发展。无论是生活在这座城市里的居民，还是慕名前来的游客，都能在此找到幸福感和获得感。

  大同，这座拥有悠久历史的城市，正焕发出勃勃生机。在现代化的道路上，大同将历史文脉与城市风韵连接，将传统文化与时代潮流融合。新旧共荣，古今贯通，传承与创新、开发与保护共同铺开大同市现代化的鲜活画卷。欢迎老师们、同学们来山西大同旅游，感受这座城市无尽的魅力！

2022级数字出版专业本科生

刘晓悦

2024年2月17日

书于大同姥姥家中

忍冬信札2024：遇见家乡的中国式现代化

大雅秦皇海韵　畅想民族未来

亲爱的老师们、同学们：

　　见字如晤，展信舒颜。

　　中国式现代化，这个人们耳熟能详的词汇，在悄悄改变着一座渤海小镇的面貌，讲述着一座沿海小城的经历，见证着民族复兴的一角。这座"渤海小镇"就是我的家乡——秦皇岛。

　　时间倒回至六年前，那时的我，背井离乡于千里之外，求学之路似乎淡化了我对于家乡的记忆。今年归家之时，秦皇岛，这个生我养我的"渤海小镇"带给我的熟悉中却多了几分陌生。这里……那里……好像都和记忆中的不太一样了。我还记得曾经有人把秦皇岛戏称为"小岛"，他们说这里面积不大，人口不多，可不就是"小"嘛！过去的我只是听别人这样说，现在的我更迫切地俯下身子，去观察脚下每一寸土地的点点滴滴。我发现，秦皇岛的改变，秦皇岛的现代化之路，体现在各个方面。

　　改变，首先体现在现代化交通体系的构建上。

　　近年来，秦皇岛大力发展公铁空海交

秦皇岛港煤运码头

168

通网络，使得"小岛"成为连接华北与东北的重要交通枢纽。2024年秦皇岛市海港区"两会"中提出，高水平优化空间布局，推动形成南北加速贯通、城乡连接高效的交通体系。对于一个沿海城市来说，港口是发展交通与经济的重要一环。重点推进冀航综合性智能仓储物流等项目建设，谋划启动中青农商智慧冷链产业园等一批配套项目，加速构建多式联运格局，形成立足海港、连接华北和东北、辐射京津的集散枢纽，是长期以来秦皇岛在交通方面的发力方向。如今，秦皇岛港的年吞吐量超过2亿吨，与全球100多个国家和地区有贸易往来。其中，"新郁金香"号轮船每周往返于秦皇岛港与仁川港之间，是中韩两国重要的贸易往来和人员交流通道。

秦皇岛港港务集中办公大楼

此外，建设生态港区也是秦皇岛采取的重要举措。为了减少北方冬春季节风沙大对于港区环境的污染，秦皇岛系统打造水清气净、地绿天蓝的绿色转型发展"新名片"，一道道防风墙矗立在堆场与碧水蓝天之间，一次次能源结构优化展现着环保科技的智慧，一条条绿化带装点着港区的新颜，一个个"退役"的零件点缀其中，见证着秦皇岛港日新月异的变化。

来吧，想体会滨海城市现代化的美，一定少不了鸟瞰夜景。2024年新年期间，秦皇岛发布了夜晚的城市街景航拍视频，灯火通明下是市民对新年的美好祝愿与期望，错综有序中是秦皇岛城市规划建设的崭新篇章。

茂业天地盛大开幕，世纪港湾商业街区喧嚣繁华，无一不诠释着港城的美。春节期间，我再次去到秦皇小巷，里面的烟火气息依旧，新年氛围浓厚，传统建筑风貌中融入现代元素，与之前的风格大相径庭，让我有种穿越时空的体验感和新鲜感。有特色、不重复的小吃让人应接不暇，加之电子支付、智能人流监控等"黑科技"上阵，让我们在秦皇小巷中玩得开心，赏得舒心，吃得放心。小巷中流光溢彩，风情如画，我不禁感叹："无论何时，这里总有平凡人间烟火气在。"当然，"小岛"的美并不只是在"看"的层面，更深入了"人"的层面。在全城绿化覆盖率40%以上的小吃街当中设立的文创潮品、艺术演绎、民俗文化展示等沉浸式古风艺术街

秦皇小巷"方言墙"

秦皇小巷

区板块，诠释着宜居、宜游的理念，让我深深感受到了城市历史文化的魅力。我被家乡的秦皇海韵特色文创吸引，在摊位前停留许久；入口的橱窗旁印着"小岛"的方言，引得许多外地游客驻足观看模仿；离开之时，我同所有游客一样，心中所想正如"城墙"上所书："小巷烟火气，最抚凡

人心。"

作为一座海滨旅游城市，风景名胜区的建设必然是秦皇岛现代化进程的一个缩影。寒假期间，我再次漫步北戴河海滨浴场栈道，轻抚木栅，细听海韵。曾经单调的沙滩上已经有了几座瞭望塔，我登塔四顾，前望"白浪滔天"，后瞰"碣石遗篇"，戴河之魅，一览无余。这不也正是先有前辈之鸿鹄大志，现有吾辈之宏图诗篇吗？现代化的建设已经使秦皇岛这一首批国家全域旅游示范区中的代表成为更多人想来、爱来的现代化避暑胜地，我乘坐的公主号环保游轮载着乘客驶向远方的一道，不也正是"小岛"在现代化之路上行稳致远的一道吗？毛主席曾在《清平乐·六盘山》中写下"不到长城非好汉"一句，这一豪言在"天下第一关"的雄伟面前得到了最好的诠释。现在的城楼之下华光映照，山海关的历史也在讲解员与智慧语音导览的讲解中慢慢浸润人心，烽火台不起眼边角处的二维码里，隐匿着一粒沙、一抔土、一块砖、一座关的千年传承。

天下第一关

现代化建设最为直观的体现在于经济发展。对于百姓而言，最直接的体现就是工资待遇的提升。经济的发展让老百姓"腰包"鼓了起来，"腰板"挺了起来。原来不敢买的现在敢买了，原来不敢想的现在也敢想了。作为河北省的重要经济增长点之一，近年来，秦皇岛市的经济实力在产业结构调整下不断增强。以新能源汽车为代表的高新技术产业、以现象级网红打卡地阿那亚为代表的现代服务业和海洋经济等新兴产业蓬勃发展，加之政府与燕山大学等多所高校和科研机构合作，共同开展海洋科技、新材料等领域的研究开发工作，引进秦皇岛中秦渤海轮毂有限公司等为代表的高新技术企业与相关人才，为秦皇岛经济的高质量发展注入了源源不断的创新动能。与此同时，秦皇岛市一直坚持"以人为本"，注重城市人文情怀塑造，建设了作为文化地标和市民精神文化家园的秦皇岛博物馆。我于寒假期间参观了这座博物馆，深深体会到了"海岳明珠"的深刻内涵，其中丰富的展品与生动翔实的讲述使我更好地理解了它成为记录秦皇岛地区发展的"百科全书"的原因。

　　教育是立国之本、强国之基，习总书记在二十大报告中要求"坚持为党育人、为国育才，全面提高人才自主培养质量，着力造就拔尖创新人才"。秦皇岛市同样注重提高教育质量，积极推动教育改革创新，探索多元化的教育模式。我与同学在我们曾经的老师的带领下，参观了现在的学校教室，里面的电脑、投影等硬件设施与教学理念的"晋级"让我们眼前一亮：教室前张贴的课程表上已经加入劳动实践课程等特色课程，课程中也融合了科技创新等特色教育内容和"云课堂"等模式，以求真正培育出有素质的学生和身心健全的人。教育是一场向美而行的遇见，一场爱的修行，一场温柔的坚持。"想要给学生一碗水，自己须先有一桶水。"秉持着这样的教育理念，秦皇岛市积极引进优秀的教育资源和人才，让我曾经的老师也不禁感叹："时代发展得太快了，育人也要育己啊！"

　　珠流璧转，日居月诸，岁月骛过，山陵浸远。实践证明，中国式现代化走得通、行得稳，是强国建设、民族复兴的唯一正确道路。岁月不居，时节如流，日月不淹，春秋代序。把我国建设成为社会主义现代化国家，是中国共产党念兹在兹的历史宏愿、始终不渝的奋斗目标。时序更替，华章日新，星海横流，岁月成碑。"小岛"的现代化之路，锐气不会尽，锐意不可阻。

甲辰已到，未来已来。这么近，那么美，周末到河北！愿老师和同学们新的一年，龙行龘龘，前程朤朤，生活鱻鱻！

苟简不及，敬请冬安。

2023级广播电视编导（全媒体摄制方向）专业本科生

崔笑醍

2024年2月17日

书于河北秦皇岛家中

忍冬信札2024：遇见家乡的中国式现代化

2024.2.18
第三十七封信

观家乡发展之力　赴青春奋发新程

亲爱的老师们、同学们：

见字如晤。

又是一年历添新岁，春满山河，提笔才惊觉，距我们于隆冬阔别校园返乡，竟已有一月之久，甚是思念，顺问春安。

我的家乡，是被誉为"李白出生地，中国科技城"的绵阳。遥想此前每当跟老师、同学提起绵阳，我总是不知从哪方面开始描述这座城市的魅力所在。对在外求学的游子而言，家乡宛若一位陌生又熟悉的老友，虽街头巷尾都有我成长的足迹，但伴随着时代发展的快车和飞速流转的时光，我不断成长，家乡也逐渐变成了超出我记忆的全新模样。此次归家，我也因着闲暇之便重新走过许多焕然一新的家乡路，有幸在浓浓的年味儿里，用心感受万家灯火与青山绿水交相辉映，体味着奋力写好中国式现代化四川篇章的绵阳之力，在此提笔与大家分享一二。

文化之力：承诗仙文脉，继抗震精神

千年前，诗仙李白从故里蜀地绵阳出发，"仰天大笑出门去"，绣口一吐便是半个盛唐。诗仙已去，文脉永存。千年后，我自北京归故乡，信步于"危楼高百尺，手可摘星辰"的越王楼之下，感受绵阳这座城市随时光流转所形成的文化魅力。在绵阳，嫘祖文化、大禹文化、三国蜀汉文化、红色文化、民族文化绚丽多姿，这些千古流传的文化遗风植根于绵阳的土地，让千千万万与我一样的绵阳人自幼便耳濡目染，承袭着继往开来的家国情怀，流淌着崇文尚艺的热血。

  16年前的一个午后，还不足5岁的我在幼儿园的床上被越发剧烈的摇晃震醒，耳边不断爆发着地动山摇的轰鸣声和此起彼伏的啼哭声。那是2008年5月12日14时28分，汶川地震突袭四川盆地，我的家乡绵阳是这场灾难中受损最严重的地级市。地震发生后，党中央果断决策，迅速组织开展了我国历史上救援速度最快、动员范围最广、投入力量最大的抗震救灾斗争。经此一役，万众一心、众志成城，不畏艰险、百折不挠，以人为本、尊重科学的伟大抗震救灾精神在绵阳这片土地上发祥与弘扬。

  作为这场重大灾害的亲历者，2023年8月，在汶川地震过去15年后，我与同班小组的同学们一起再次来到绵阳市北川县，用镜头和文字记录下这座新生之城的人民以自强不息、顽强拼搏的精神重振家乡的故事，和他们建成的新生活。

2008年6月18日，八一帐篷学校工作剪影

  年过六十的老徐，是我母亲在汶川大地震后灾区的第一所帐篷学校——绵阳八一帐篷学校任教时的同事。在党和国家的大力支持下，绵阳八一帐篷学校成了震后四川灾区最早复课的学校，安置着来自北川曲山、邓家坝、太洪、漩坪等地的5所学校的700多名师生。震后两天，当时任北川教师进修学校校长的老徐便与一行校长带着生还的老师们和学生们，从灾后满目疮痍的北川旧县城步行近六十千米至绵阳

九洲体育馆,并在社会各界的帮助下迅速开始了帐篷学校的建设工作。为了将八一帐篷学校建设得更好,老徐时常整夜整夜睡不着觉,"尽快让孩子们有学上,就是对灾区恢复重建最大的支持"。现如今,老徐已步入退休生活,他的教坛生涯也几乎都贡献给了北川这座英雄之城。"山一程,水一程,身向榆关那畔行,夜深千帐灯;风一更,雪一更,聒碎乡心梦不成,故园无此声。"老徐在志愿者给八一帐篷学校师生进行震后心理疏导的材料上,印上了纳兰性德的《长相思》。重振故园,是震后每一个绵阳人的使命与责任。

绵阳市北川县"新生广场"

而在北川县擂鼓镇,古稀之年的王大爷搬入震后政府免费修建的安置房已13年有余,60多平方米水电齐全的现代楼房,满足了他与老伴日常生活的全部需求。2008年6月初,震后不到一个月,王大爷一家刚从擂鼓镇水泥路边的帐篷迁入临时搭建的板房,就主动加入了擂鼓中学的重建工作。"自己的家园自己建设",焕然一新的新北川,是无数个和王大爷一样的北川人团结一心,共克时艰,用双手和汗水共同铸就的。

王大爷站在15年前震后搭建帐篷的空地上，这里如今草木繁盛

走在新北川的大街小巷，总能听到循环播放着的《又见北川美》，这首歌唱着北川人民向前走，走向未来的幸福新生活。在波澜壮阔的抗震救灾斗争中，我们在党和国家的领导下用理想凝聚力量、用信念铸就坚强、用真情凝结关爱，铸就了伟大的抗震救灾精神。

2023年1月，新春佳节到来之际，习近平总书记通过视频连线看望慰问基层干部群众，其中便有四川省绵阳市北川羌族自治县石椅村的干部群众。习近平总书记通过视频连线同村干部、游客就今年村里收入怎么样等问题一一交流，总书记高兴地说："新时代的乡村振兴，要把特色农产品和乡村旅游搞好，你们是一个很好的样子。"

作为汶川地震灾后重建村，石椅村的老百姓积极弘扬抗震救灾精神，使之转化为艰苦奋斗的坚定意志，转化为推动经济社会发展的强大力量。国家乡村振兴战略实施以来，石椅村依托优越的生态环境、浓郁的羌民俗文化和优质的农特产品资源，组建羌族文化表演队伍、传承弘扬非遗文化，开发了羌民俗体验、水果采摘等7类旅游项目，为游客带来沉浸式乡村旅游体验，基本形成了集观光、体验、康养为一体的年接待20万人次游客的农文旅深度融合典型少数民族特色村寨，有力塑造了新时代乡村振兴的重要典范，石椅村如今已成为全国文明村。

忍冬信札2024：遇见家乡的中国式现代化

绵阳市北川羌族自治县街景

创新之力：以"两弹"闻名，因科技出彩

从诗仙文脉到抗震救灾精神，在延续发展底蕴厚重的文化软实力之外，绵阳还有"硬核"的一面。作为唯一的"中国科技城"，绵阳现拥有国家级科研院所18家，国家重点实验室等创新平台25家。从涪江实验室到"云上科技城"，从国防科工产业高地到突破10,000家的科技型中小企业……如今，"神舟"、"天舟"、大飞机、"天问一号"等国之重器，都有"绵阳造"产品的身影，越来越多的"绵阳造"打破国外垄断、填补国内空白。敢想敢闯，大胆创新，激活科技创新的一池春水，是独属于绵阳市的"创新"名片。

若要寻到此般创新伟力之根，还要从绵阳"两弹城"的故事说起。1965年8月三线建设时期，中国工程物理研究院（九院）内迁绵阳市梓潼县，在此相继完成了原子弹、氢弹的设计方案，故此地被称为"两弹城"。从小到大，每每前往两弹城旧址，我都会在不觉间潸然泪下。进了两弹城，走过一小段路，邓稼先爷爷的塑像便豁然出现在我的面前，后面

178

是他住过的房子,是他生活、工作了16年的地方。隐姓埋名的日子里,他在一间小小的砖瓦房中奠定了一个国家的底气。邓稼先、于敏、郭永怀、王淦昌、朱光亚、陈能宽、周光召、彭桓武、程开甲……每一位"两弹一星"的研制者热爱祖国、无私奉献,自力更生、艰苦奋斗,大力协同、勇于登攀的故事都会令人动容。他们甘当无名英雄,隐姓埋名,默默奉献,用自己的热血和生命,写就了一部为祖国为人民鞠躬尽瘁、死而后已的壮丽史诗。

孩子们参观位于绵阳市的邓稼先旧居

我行走于两弹城植被繁茂的小路,揭开尘封多年的历史,步步追寻前辈们的足迹,感受中国核武器探索的峥嵘岁月,体悟跨越60余年的精神传承。先辈之志是新时代每一位绵阳人为全面建成社会主义现代化强国,实现中华民族伟大复兴的中国梦而不懈奋斗的目标与底气。因科技而兴,因创新而盛。从过去的"三线建设"大潮中迅速崛起,到今天的加快建设国家科技创新先行区,时代,带给绵阳一个个机遇。铸造大国重器,延续创新伟力,是绵阳的历史使命,是中国唯一科技城的责任,更是每一位绵阳人的新时代担当。

生态之力：享自然馈赠，造生态之城

　　涪江江水抱山流，淡烟乔木是绵州。风光旖旎的自然山水，更是为拥有2000多年建城史的绵阳增添了许多韵味。从高空俯瞰，绵阳位于青藏高原东北边缘山地与四川盆地的过渡地带，高山峡谷渐隐，丘陵平坝舒展，这里有高耸入云的雪山群峰，有古树参天的原始森林，有土壤丰沃的山间平坝，也有散落人间的秀美湖泊。丰富的自然条件造就了诗仙李白笔下的"蜀道之难，难于上青天"，也成就了世世代代的绵阳人不畏艰难险阻的壮志豪情。

　　作为长江上游的生态屏障，绵阳坐拥"香格里拉"虎牙大峡谷、"九寨后山"王朗自然保护区、国家级水利风景区仙海湖，而雪山云海深处的大熊猫国家公园里，还栖息着418只野生大熊猫，数量超过全球总数的五分之一，居全国第一，"中国野生大熊猫第一市"更是绵阳亮丽的生态名片。当前，绵阳坚持生态美市，践行绿色发展理念，打造了一座宜居、宜业、宜游的生态之城。新春佳节，携家人好友，行于环山抱水的绵阳城市步道，观大唐明楼，"跨险盘危压古州"，看西蜀名亭，从杨雄仙游，人与自然和谐共生，何不乐哉！若要用四川话来向大家推荐绵阳，怎一句"巴适"了得。

　　在成长于绵阳的前18年，我常常以为我的故乡是一座名不见经传的小城。而当我外出求学归来，跳出绵阳看绵阳，重新感受这座城市的人文魅力，探寻这座城市的发展变迁，我才深知，今天的绵阳，正坚定地以习近平新时代中国特色社会主义思想为指导，认真落实党的二十大和省委十二届二次全会精神，坚持创新引领，实施科技立市、产业强市、开放活市、人才兴市、生态美市"五市战略"，以浓厚的创新发展氛围、包容开放的城市精神持续释放着活力与魅力，加快建设中国科技城，全力打造成渝副中心，描绘发展新天地的美好蓝图，在实现全体人民共同富裕，物质文明和精神文明相协调，人与自然和谐共生，走和平发展道路的现代化征程上行稳致远，为奋力写好中国式现代化的四川篇章贡献力量。

  生于斯而长于斯，作为土生土长的绵阳青年，作为家乡现代化发展的见证者，在为家乡发展而深感自豪的同时，我更深知重任在肩，唯有承继孕育于故土的敢闯敢为、无私奉献的家国情怀和包容开放、继往开来的文脉遗风，方能在中国式现代化建设的全局中与家乡同行，为全面建设社会主义现代化国家、全面推进中华民族伟大复兴奉献青春"小我"之力，奔赴奋斗新征程。

  行文至此，书不尽言，敬问师友安康！诚挚欢迎大家到我的家乡四川绵阳走走看看，也期待与各位重于校园相见。

2021级广播电视编导（电视编辑方向）专业本科生

龚小雯

2024年2月18日

书于四川绵阳家中

忍冬信札2024：遇见家乡的中国式现代化

现代化的花，开满浙北之乡

亲爱的老师们、同学们：

久违芝宇，时切葭思，见字如晤。

首先，在正月初九之日，寄望大家在崭新的龙年能够如龙行云布雨般播撒希望，收获成功。

一月下旬的一日，外婆发来微信，说快过年了，新村的大姑家正打算做青团子，招呼我和老妈回乡下帮帮忙。

老妈说："新村刚建好不久，你也没去过，正好去感受一下。"

午后，我与老妈驱车来到父子岭新村。一到大门口，我就被一块大

浙北第一村——父子岭村

石头吸引了，石头上面刻着"浙北第一村——父子岭村"。农业强村，经济强村，浙北第一，真够气派！新村的大门涂着白漆，披着灰瓦，左右联写着金色的"风情千年古斯圻，山水一脉今墨韵"。

父子岭村大门

我的家乡——浙江省湖州市长兴县——在浙江最北端，而我的外公外婆家——夹浦镇父子岭村——在长兴的最北端，与江苏省接壤，东邻太湖，三面环山。"浙北第一村"的名头由此而来。

新村的路果然不同于旧村的小泥路，柏油大道宽阔平坦，象征着父子岭人民走上了富强幸福的大路。乡村社区的公共设施一应俱全，党群服务中心、广场、大大小小的商店、篮球场、居委会、住宅区都布局得整整齐齐。房屋统一建成了白墙灰瓦的样子，别有一番江南水乡风韵。我顿时有些傻眼了，这儿与城里的街道社区有什么区别呢？现在村子翻新了，家家户户都住进了漂亮的大房子，家家户户都有完备的供暖、供水、供电设施，家家户户都有稳定的经济来源。

我们来到大姑家，果不其然，面前仍是一派令我格外熟悉的景象：十几个大姑、大妈、大婶与外婆围坐在客厅的圆桌旁喊喊喳喳地包着团子；四五个人在一边的小方桌上和着青面团，擀着面皮，拌着馅儿；还有几人围拥在门口的灶头旁，一边唠嗑，一边守着火，等着下一批团子出锅。做青团子是父子岭村流传多年的习俗，对于父子岭人而言，这蕴藏着难以割舍的情怀与无比深厚的意义。不仅仅因为青团子的魂扎根在这片沃土上，更在于"做"这个宝贵的过程。只要村上有人家要做青团子，不论与这户人家熟不熟，大家都会热情地来帮忙。这么多女人在年末难得地凑在一起，聊东聊西，谈天说地，嘻嘻哈哈，为这平凡而忙碌的一年画上了一个

刚出炉的青团子

大家在热闹地做团子

热热闹闹的句号。

不过，近些年，这青团子也有了挺大的变化。我记得小时候吃的青团子一般只有简简单单的两种口味——肉馅儿和豆沙馅儿，但现在，青团子的肚皮里装着五花八门的馅儿——笋干猪肉、荠菜猪肉、黑芝麻、甜花生、萝卜丝、咸菜虾仁……小小青团子也走上了"爆改"之路，归根到底，这说明村民的日子越过越好了，舍得把更多食材包进团子里了。同时，大家的生活水平不断提高，吃的档次和水准提升了，优待味蕾的需求自然大大增加。

父子岭村傍山而居，多年来始终以农业发展为重头戏，其中，水稻、杨梅、茶叶产业尤为兴盛。正是太湖的小气候给了它们绝佳的生长环境。家家户户在父子岭山上种满了杨梅树、茶树。进入21世纪后，村里经过讨论，决定把杨梅、茶叶产业做大做强。父子岭村的农民不断地外出学习、嫁接改良、引进新品种、定期培训，逐渐让杨梅、茶叶种植形成了规模。

外公说，四十多年前，他和外婆在山上种下了咱家第一批杨梅树和茶树，之后的几年里陆陆续续地种，一共种下了一百多棵杨梅树和将近一万棵茶树。

从每年的四月中旬起，外公外婆便和所有父子岭村的农民一样开始辛苦劳作。自家的姨婆们、舅舅们还有老妈都轮流回去帮助他们采茶，到了五月采完茶稍稍喘口气儿，又开始起早摸黑地摘杨梅。外公外婆晴天时头顶烈日趴在杨梅树上仰着头摘杨梅，雨天时撑着雨伞跪在地上捡杨梅。他们年轻时站在三尺讲台上教书育人，是用心付出的人民教师；他们年老后每天在田地里、山坡上劳作，是勤勤恳恳的农民。脚踏实地，勤劳奉献，朴实节俭，是外公外婆的写照，亦是父子岭老百姓的写照。

所幸，随着现代化的步伐加快，前几年村里成立了长兴夹浦斯圻杨梅专业合作社、浮渚茶叶专业合作社，村口也设了丰巢快递站，方便寄快递，茶叶和杨梅收益都不错。再加上老妈和舅舅们对身边好友的宣传力度大，每年的新老顾客源源不断，使得外公外婆和家人们的付出有了成正比的回报。

最近，有些新鲜的念头在我脑子里萌发。身为中国传媒大学的一名大学生，我应该用自己的能力帮助家人们分担一些责任。我是新时代的传媒学子，有使命、有义务、有能力加入这场盛大的乡村现代化建设。我可以在不同的社交平台上创建专属于父子岭村的账号，在微信上创建公众号，用我在学校里学习到的拍摄、剪辑、宣传技巧，精心推广父子岭村的好茶、好杨梅，以及自家浸泡的杨梅酒，实现茶叶、杨梅的网络销售。执行力才是第一生产力，我有信心、有动力在2024年落实这个想法——因为我与家乡现代化是相互作用的。我在挖掘自身潜能的同时，为家乡创造了更多的经济效益与名片效益；家乡的步步繁荣发展也给我带来了个人能力的提升和责任感、使命感的增强。

父子岭村除了农业经济稳步发展，文旅IP也日趋火热。前两年新修的露营地迎来了开门红，品咖啡、逗萌宠、玩飞盘……各式新玩法让曾经废弃的矿山摇身一变，成了假期里的"香饽饽"。

再看长兴县其他乡村，它们大多走上了类似的发展路线。比如"中国茶乡"水口乡——茶圣陆羽撰写《茶经》之地——以大唐贡茶院、水口农家乐以及前些年斥巨资造的唐潮十二坊闻名；再如"世界银杏古都"八

父子岭露营地

都芥的十里银杏长廊，年年吸引无数游客慕名前来，拜访三万多株原生野银杏，带动了周边的民宿生意蓬勃发展；或如太湖图影不仅拥有浑然天成的美丽湿地风光，更有如今太湖龙之梦大乐园省级旅游度假胜地的有力加持，各地游客络绎不绝……

夜晚的太湖龙之梦古镇

时任浙江省委书记习近平2005年8月在浙江湖州考察时，提出了"绿水青山就是金山银山"的科学论断。将近二十年里，我们湖州长兴人始终秉持这一理念，坚持人与自然和谐共生，从乡村振兴着手，把社会主义现代化的道路一步一步走稳走实，把老百姓的幸福感与获得感一点一点提升保质。崭新的时代已经到来，让我们共同期待一个更加殷实祥和又绚丽自在的父子岭村，期待一个更加安居乐业又生机勃勃的长兴县，期待更多的乡村振兴起来，美丽起来，富饶起来！

龙腾祥云瑞气绕，吉祥龙年，祝愿祖国迎来更盛大的春和景明，亦祝愿每位龙的传人拥有精彩美好的一年。期待我们共同吹响乡村振兴的嘹亮号角，期待我们共赏现代化的繁华盛景！

2023级国际新闻与传播专业本科生
陈果
2024年2月18日
书于浙江家中

望来时路之浩荡　盼未来征途璀璨

亲爱的老师们、同学们：

　　见字如晤，展信舒颜。

　　龙年已至，新的一年万象更新。在这里，我借书信聊表祝福，愿大家新的一年平安顺遂，幸福美满，万事胜意。

　　今日清晨，冷冽的寒风将乌鲁木齐唤醒，天空飘起密密的雪花，白雪如柳絮般轻盈跳跃在屋顶树梢间，为整座城市披上了一层银装。而此刻，屋内却无比舒适，地暖已被调节到最适宜的温度，我坐在地毯上把压岁钱数了一遍又一遍，等着妈妈将饭香味填满整间屋子。爸爸说，30年前，乌鲁木齐的冬天可不像现在这般惬意。

　　年少时，爸爸在边防部队当兵，那时乌鲁木齐市的供暖方式主要是烧煤，团机关有专门的锅炉房，管道连通办公室的暖气片，炉子一烧，集体供暖。30年前的乌鲁木齐市，似乎比现在还要冷一些，大雪甚至可以没过膝盖，因此每年十月中旬以前，部队都要派人去矿上把整个冬天的煤炭一次性运回，以防日后下雪路滑不好走。矿区远离部队，即便是开车，来回也要花上一天的时间，大家只好早早出发，再靠人力将几十吨煤炭装上车。等卸完煤才发现，每个人的鼻腔里、嘴角边都是黑色的煤灰。

　　新疆降温早，每年10月15日就开始供暖，锅炉工用锤子将大块的煤炭砸开，小块的直接丢入炉中，而炉子一旦燃起，需要锅炉工昼夜不停地看火、添煤，否则等煤炭燃尽，屋内便如同冰窖般寒冷。部队规定，冬天屋内温度不得低于22℃，可烧煤并非一件可以精准控制的事情，勤劳的锅炉工常把温度烧到30℃以上，所以大家半夜起床开窗散热也是常有的事。

煤炭燃起的日子，人们顾得上保暖，却顾不上环保，大面积集中供暖区冬日常被笼罩在黑色粉尘之中。锅炉房的烟囱里涌出滚滚浓烟，浓烟张牙舞爪般向周边袭去，大雪落在地上竟变成了黑色，人们鲜少穿白衣服出门，空气污染也不可避免地加剧。

正当人们对一切习以为常时，黑色的冬天却悄然消失了。2012年年初，乌鲁木齐市委、市政府广泛征求民意，组织专家论证，提出全面实施燃煤供热锅炉改用天然气工程，在全市人民的理解和大力支持下，总投资121亿元的"煤改气"工程迅速落实。按照"应拆尽拆，非拆即改"的原则，乌鲁木齐市两年内搬迁污染企业55家，拆除燃煤锅炉1.7万多个，新建燃气锅炉960台，成为全国首个"气化"城市。

伴随着"煤改气"工程的实施，居民们逐渐适应了干净安全的燃气供暖，不必在冬天来临之前辛苦储煤，更不必担心环境污染。2014年，乌鲁木齐市空气优良天数多达310天，优良率达85%，空气质量水平在全国重点城市排名"中上"。天变蓝了，云变白了，城市变干净了，站在视野开阔之地，你甚至能够清晰地看见远处博格达峰的雪顶。大家沉醉在清新的空气中，呼吸皆畅快。

乌鲁木齐市的点滴变化，得益于国家、政府、人民的共同努力。作为新疆首府，乌鲁木齐市在经年累月的建设过程中日益完善，发展成如今人人安居乐业的模样。有幸成长于这片土地，我听到过维吾尔族阿姨操着一口不怎么流利的普通话对我说要好好读书，长大以后报效祖国，目睹着日夜奔波的人们为家乡作出的种种贡献，见证过太多太多现代化建筑从无到有的过程。我的家乡似乎也在同我一起长大，自打有记忆起，我便常去新疆国际大巴扎，这个比我还小两岁的综合性旅游景区，如今已成为享誉国际的"新疆之窗""中亚之窗""世界之窗"。

"巴扎"在维吾尔语中意为"集市"。新疆国际大巴扎集旅游观光、民族商贸、餐饮、民族艺术展示、零售五大业态为一体,是世界上规模最大的巴扎。走进这里,你能真切地体会到不同文化在新疆的交织与共融。

新疆抓饭

刚走几步,便有维吾尔族大叔吆喝大伙进店坐坐,门口的抓饭早已升起腾腾热气,等候着你来品尝。大叔熟练地盛起一盘抓饭,肥瘦相间的羊肉连着骨头盖在最上层,被筷子轻轻一挑便能脱骨,入口鲜香软嫩,唇齿摩擦间又不失肉的弹性。米粒在汤汁的浸泡下泛着金黄,搭配红黄萝卜一口吃下,清甜的滋味即刻在味蕾上爆开,让整盘抓饭的口感更加丰富。大快朵颐过后,醇厚的羊油香依旧久久停留在嘴边。

哈萨克族传统服饰

远处的小店里,精美的玉石吊坠挂在窗口,任人挑选,铜质摆件被打造成神灯或骆驼的模样,颇具异域特色。街角的那家民族服装店总能引得游客频频驻足,漂亮的女孩拿起花帽兴奋地戴在头顶,翻起手腕、扭着脖子，比画几个简单的舞蹈动作；男孩用手轻轻抚过艾德莱丝绸，嘴里还念叨着刚学会的维吾尔族语"亚克西"（"好"的意思）。

若是时间恰好，你兴许能赶上民族舞表演。新疆舞曲主打一个其乐融融的氛围，最好由双人配合，因此在乐曲响起之前，总有人鞠躬伸手邀你共舞。无论老人还是小孩，不管舞姿是否标准，只要跳起来，就能听到周围的喝彩声和叫好声，几曲下来，你便能快速和舞伴熟络起来。

每当我回到家乡，曾经的记忆都会在脑海里翻涌，我感觉一切都好像未曾变过，无论我离开多久，那些场景总能将我拉回到最熟悉的状态，可家乡似乎又有些变化，环境更好了，建设得更美了，人民的生活蒸蒸日上了。时间像一根根无形的线，在无数个"变"与"不变"的穿插中搭建起现代化建设的桥梁，家乡的人们在追求美好生活的征程中拼命奔跑，猛然回头，才惊觉共同走过的路那么悠远、那么浩荡。

作为变化的亲历者，我深知来时路之不易；作为日后的建设者，我坚信未来路之辉煌。在此，我也诚挚邀请您来乌鲁木齐市观光、游玩，同我一起见证这座现代化都市的发展与繁盛。

2023级广播电视专业硕士研究生

胡堃

2024年2月19日

书于新疆乌鲁木齐家中

稽山鉴水　共富人居

——绘就中国式现代化下的《富春山居图》

亲爱的老师们、同学们：

快雪时晴，佳想安善。

年已过，春风起。2024年伊始，越地儿女们纷纷回归故里，共同感受会稽山、鉴湖水的热情与希望，我也不例外。匆匆结束第一学期的校园生活后，我回到了我的家乡——浙江绍兴。行至稽山鉴水，聚齐新旧奇观。绵延800里的鉴湖水与"千岩竞秀、万壑争流"的会稽山交相辉映，形成了一片独特的水乡泽国景观，也孕育了"浙东唐诗之路"这样独特的文化遗产；习近平总书记亲临的浙东运河文化园正释放着蓬勃生机与活力；产生杭州亚运会攀岩比赛六枚金牌的羊山攀岩中心正向世界展示名城绍兴的别样风采。新老"朋友"齐聚之际，很高兴以书信的方式讲讲我眼中的现代化故事。

明代文人袁宏道评价绍兴"士比鲫鱼多"，伟人毛泽东称赞绍兴"鉴湖越台名士乡"。这次回家，我重走了许多名胜古迹：刻在三味书屋课桌上的"早"，诉说着鲁迅的童年趣事；"三过家门而不入"的大禹依然矗立，保护着一方百姓；香炉之上青烟缭绕，延绵悠远，古钟还在聆听真挚的祈祷；"天下第一行书"字字拨动着人们的心弦，徐渭、蔡元培、周恩来等绍兴名士的风骨也随着岁月长河绵延赓续，历久弥新。

  行走在鲁迅故里的街头，我感受到了一座千年古城的余韵。无论是一桥一船、一山一水，还是一楼一阁、一砖一瓦，绍兴的街头都充满了诗意与悠扬。越人以舟为车、以楫为马，绍兴人的乌篷船也在水声雨声摇橹声、鸡鸣犬吠招呼声中形成了一张独特的江南名片。柯岩风景区作为柯桥学子每年的春游目的地，虽然年年岁岁景相似，可线上预约、移动支付、语音讲解等智慧方式的出现，让我看到了时代的进步与革新。

  "全面推进乡村振兴"号角声不断，浙江新农村也以"富、绿、美"频频"出圈"。绍兴正以党的二十大精神为指引，秉持新时代"胆剑精神"，对标"两个先行"，聚焦"五个率先"，全力打造新时代共同富裕地，奋力探索中国式现代化的市域实践。

  绍兴之"富"，兴村富民。绍兴黄酒历史悠久，文化底蕴深厚。1915年，绍兴本土黄酒品牌古越龙山诞生；1978年改革春风拂过，古越龙山传承革新，于1997年成功上市；在新时代，黄酒集团致力于"黄酒+旅游"，努力让黄酒出圈。黄酒博物馆、黄酒冰激凌、黄酒奶茶等新兴事物的出现不仅带动了经济的发展，也在人们心中埋下了一颗"酒文化"的种子。乡村不仅在"塑形"，更在"铸魂"。踏着新春的鼓点，和着欢声笑语，我与母亲在马鞍街道新围村文化礼堂观看了2024年"我们的村晚"。非遗号子《拔篷·启舱》与现代说唱歌曲《四季行舟》相结合，一边将民族乐器用于编曲，一边大胆融入说唱形式，不仅唱出海岛渔民一年四季在海上的风雨兼程，也让我发自内心地觉得家乡不仅物质生活富起来了，精神生活也"富"起来了。农村文化礼堂作为村民的"精神家园"，不定期举行文艺表演、文化赛事、村晚，不仅让村民感受到"心有所寄"的美好，还有助于传承非遗技艺、弘扬乡风民俗、促进农村精神文明建设。

  江南之"绿"，青绿山水。这次过年，我一回老家，外婆就对我说："还记得你小时候看社戏的那条河吗？现在河水又变清了，清得可以看到鱼了，不妨再去走走。"当我再次乘上乌篷小船，童年的回忆逐渐涌上心头，想起自己嚼着茴香豆看爷爷捕鱼的模样，我不禁笑出了声。

  2023年是杭州亚运会举办之年，也是绍兴高质量推进"五水共治"，打造生态文明高地的关键之年。五水共治，治污先行，柯桥作为"国际纺都"，印染企业如何科学排污是需要攻克的重大难题。为了保障印染企业的健康发展，水务集团下属绍兴柯桥排水有限公司实施印染企业分质收集管网系统工程，化"治污"为"智污"。我来到现场学习参观了数字孪生曹娥江试点建设，看到了夯实数据构建流域场景"数据+"、创新算法提升流域调度"智慧+"、流程闭环实现流域管理"协同+"，为曹娥江治水能力现代化提供了有力支撑。参观了绍兴种种"数智治水"的措施后，我更确信"大禹治水"的坚忍精神和"绿水青山就是金山银山"的生态思想在新时代得到了传承与发展，绍兴正走在数字技术的前沿，牢牢守护着这一方水源和归乡人心中美好的童年记忆。

越州之"美"，美美与"共"。这个"共"不仅是共同富裕，也是共同奔赴。绍兴是江南，却又不只是江南，它有着江南的缱绻温柔，更积淀着掷地有声的士人风骨与众志成城的实干精神。十一届三中全会以后，绍兴县开始重点发展轻工业，发扬"千辛万苦、千方百计、千山万水、千言万语"的"四千"精神，从"百米布街"到2022年8月柯桥区成功入选省全域推进未来社区建设和城镇社区公共服务集成落地改革第一批试点，"千家万户走民情、千思百虑解民忧、千方百计谋发展、千丝万缕连民心"的新"四千"精神正逐渐发扬光大。

除了实干精神的传承发展，"一老一小，其乐融融"的江南百景图也在绍兴徐徐展开。我的爷爷已经83岁高龄了，需要每天测量血压和心率，设在未来社区里的卫生服务站不仅让爷爷每天只需五分钟的脚力便可到达进行测量，而且卫生服务站的工作人员只要动动手指便可通过智能平台将爷爷的体检报告发送到我们这些家人的手机中，让家人放心。

未来社区通过打造智慧化社区卫生服务站、居家养老服务照料中心、老年食堂、适老化无障碍住宅等，实现老有所养；通过打造数字化学习平台、幸福学堂、城市书屋、长青学堂、婴儿照护服务驿站等乐学空间，实现幼有所教。在这里，真正实现了陶渊明笔下的"黄发垂髫，并怡然自乐"。

未来社区是现代化建设的基本单元，绍兴在高质量发展建设未来社区的跑道上，持续贯彻落实"一统三化九场景"的未来社区理念，执笔描绘

21世纪版的《富春山居图》。

　　党的二十大擘画了以中国式现代化全面推进中华民族伟大复兴的宏伟蓝图，明确了高质量发展的首要任务。浙江省委立足中国式现代化大场景，着眼"两个先行"，作出深入实施"八八战略"，强力推进创新深化、改革攻坚、开放提升的重大部署，赋予绍兴"图更强、争一流、敢首创，勇闯中国式现代化市域实践新路子"的重大使命。

　　历史是长河，汇聚着人类的智慧和经验，流淌着时代的变迁和风云，印记着精神的不朽与革新。2500多年前，越王勾践筑山阴大城，卧薪尝胆，终成霸业。900年前，南宋高宗驻跸于越州，改元绍兴，以图复兴。100年前，绍兴第一个中共地方组织成立，开启了新民主主义革命的伟大征程。40年前，绍兴撤地建市，拉开了大城市建设的崭新篇章。在撤地建市40年、"八八战略"20年、新时代10年的精彩蝶变中，绍兴人开风气之先、领时代之新，在浙江乃至全中国发展史上写下了浓墨重彩的一笔。从千年古城跃升为"千亿新城"，从渊博长者蜕变为"国潮青年"，从古老村落焕新为"美丽小镇"，绍兴在中国式现代化的进程中小步慢跑，紧紧把握党赋予的重大使命，勇挑大梁、勇担使命，完整、准确、全面贯彻新发展理念，夯实高质量之基、激活竞争力之源、走好现代化之路，积极探索中国式现代化在市域层面的发展规律和实现路径，书写新时代的"千年故事"。

　　亲爱的老师们、同学们，如有机缘来到绍兴，不妨走一走石板古桥，摸一摸青砖绿瓦，听一听橹声社戏，闻一闻咸亨三臭，品一品黄酒佳酿，"即玩玩有竭，在兴兴无已"。开学的日子即将到来，期待与你们在白杨微风中相会，聊聊你们的家乡逸事。

2023级出版硕士研究生
吴彬尔
2024年2月19日
书于绍兴家中

忍冬信札2024：遇见家乡的中国式现代化

半城烟火半城仙　东南有海浩无穷

亲爱的老师们、同学们：

新泥厚！（新年好，闽南语）

千川汇海阔，风好正扬帆。春暖花开之时，很开心能够执笔与大家聊聊我的家乡福建泉州。

余光中先生是泉州的诗人，我从小就听着《乡愁》长大，然而直到2023年我20岁了，才第一次真真切切体会到了"乡愁"的滋味，明白了"乡愁是一张小小的车票，我在这头，故乡在那头"的感觉。因为这一年是疫情结束的第一年，日常学业充实、活动丰富，求学离家2000公里远的我归家时间甚少，掐指一算，一年仅在家中待了两个月。于是乎，这个寒假回家，我贪婪地走街串巷，想要重新认识我挚爱的家乡。在这里，有大海的怀抱，有我熟悉的山山水水。

正月初六，泉州在东海中央商务区举办了大型民俗踩街活动，借此机会，我决定从古城出发去往东海新区"凑热闹"。我骑上随处可见的共享单车，走街串巷，感受"半城烟火半城仙"。在福建最古老的佛教寺院开元寺里，婆罗门教的塔、印度教图案的柱、狮身人面的台基、飞天乐伎的翅膀……这些细节讲述着来自海外异国的传说；涂门街上，充满异域风情的清净寺虽地处闹市，却古朴幽静；抬眼望去，就是飞檐翘角的关帝庙，不远处有一座供奉"海上女神"妈祖的天后宫面朝大海，象征着人们胸怀像大海，征程向大海，兼容并蓄、爱拼会赢。

开元寺里烧香祈福的人们

哼着"东塔佮西塔有点儿亲像,这条街也是较早的模样,熙熙攘攘的城南拳头烧酒,听一段南音配茶是真享受",来到泉州的东西塔景区,余光中先生笔下的刺桐双塔,经过千年洗礼依然屹立;走过大街小巷,售卖面线糊、四果汤、芋头饼、土笋冻的吆喝声不绝于耳;在香火旺盛的大大小小的寺庙里,人们虔诚地与各路神仙"对话";蟳埔女依旧顶着"头上花园",坐在街边剥着生蚝壳……这座城市随处可见旧时光的魅力。而当我在新老城区穿城而过,才发现一切似乎变得和从前不太一样了。从古街老巷到路网纵横,从古城片区到环泉州湾核心区,从传统闽南红砖古厝到现代化的高楼大

西街上静静屹立的刺桐双塔

厦……随着中国式现代化的全面推进与不断发展，泉州东进、西拓、南下、北上，这座历史文化名城发生了翻天覆地的变化。今天的泉州街上，车辆川流不息，人潮汹涌澎湃。

泉州东海现代化建筑群

"今年是甲辰龙年，没想到有这么多'龙'出场！""舞龙、板凳龙、洪濑天香龙阁都非常有气势，太棒了！"在跟随踩街队伍行进的过程中，我与现场其他观众一样，毫不吝惜自己的掌声和喝彩声。细数踩街出现的各种形态的"龙"，有泉港樟脚板凳龙、晋江舞香龙、晋江舞龙、洪濑天香龙阁、惠女舞龙、德化龙虎旗、泉州台商区洛阳舞龙、"泉州龙龙"龙年艺术装置10个，还有在东海之滨闹新春的踩街"长龙"，我旁边的一位姐姐笑着说："这简直是'天龙十八部'！"

千古风华千古情，追溯泉州的历史进程，拼搏进取、开放包容、勇于创新的精神内核，传承至今。杭州第19届亚运会女子100米栏冠军林雨薇坚信"爱拼才会赢"；鸿星尔克董事长吴荣照"淋过雨，便想为他人撑把伞"；台湾音乐人、《爱拼才会赢》词曲作者陈百潭认为"三分天注定，七分靠打拼"，他们正是充满锐意进取与开拓精神的新时代泉州人的代表。

当代的故事由今人演绎，先民的故事则透过文化遗产娓娓道来。2001年4月20日，时任福建省省长习近平到泉州调研，考察泉州海外交通史博物馆的中国古代船舶发展史陈列馆的进展时明确表示，"像这种有特色、有意义的项目应该大力支持"。

这是一场跨越整整20个年头的接力跑。

2001年11月12日，习近平主持召开省长办公会议，推动"海上丝绸之路：泉州史迹"申报世界文化遗产工作。2002年6月，习近平赴泉州调研，要求抓紧做好世界文化遗产申报工作。

20年时间里，泉州各方开展文物普查，进行考古发掘，精挑细选，立法保护，科学维修，规范整治，缜密论证，申报项目也是几易其名，终于将散落在1.1万平方千米土地上的众多明珠穿成串，汇成了一个主题：宋元中国的世界海洋商贸中心。

2021年7月25日，好消息传来，在第44届世界遗产大会上，"泉州：宋

世遗泉州馆

元中国的世界海洋商贸中心"被成功列入《世界遗产名录》，成为我国第56个世界遗产。项目整体由22处代表性古迹遗址及其关联环境构成，分布在自海港经江口平原并一直延伸到腹地山区的广阔空间内，完整呈现了宋元时期泉州富有特色的海外贸易体系与多元社会结构，多维度地支撑了"宋元中国的世界海洋商贸中心"这一价值主题。

至今，我还记得那个时刻，在高中历史课堂上，我的历史老师振臂高呼："泉州申遗成功啦！"本土泉州人对泉州的热爱有增无减，泉州世遗已有了百名观察员、千名志愿者、万名守护人。泉州世遗"活起来"，泉州旅游火爆出圈，带动了人流、资金流，2023年核心区鲤城区居民存款增加了60多亿元。

随着泉州申遗成功的热度持续上升，今年春节，我的朋友圈也被"迷人的泉州""泉州好好吃""蟳埔簪花真是太美了""泉州真是一座有人情味的城市"等海量图片、视频刷屏，来自外地的朋友们探索发现泉州城

的韵味后，总是很兴奋地向我分享有趣的所见所闻。泉州的文化遗产从来不是孤立的，而是鲜活的。我们老百姓生活在遗产里，遗产就在我们身边，见人见物见生活，有血有肉有灵魂。今年寒假，我有幸采访了泉州本土企业匹克公司总经理。作为土生土长的泉州人，他很骄傲地告诉我："泉州文旅和其他城市是不一样的，它不是被刻意制造出来的，它是'半城烟火半城仙'，它就是泉州人的生活。"

习近平总书记指出："自信才能自强。有文化自信的民族，才能立得住、站得稳、行得远。"在中国式现代化的泉州实践中，泉州将拿出更足的自信、更大的气魄来，既怀着文化自觉与自信，又秉持开放包容的理念，弘扬"和平合作、开放包容、互学互鉴、互利共赢"的丝路精神，构建全方位的对外开放格局，让世界看到泉州，让泉州走向世界。

"州南有海浩无穷，每岁造舟通异域。"北宋谢履的诗句，道出了泉州向海而兴的壮阔篇章。作为海上丝绸之路的起点，泉州提供了一个文化包容、经济繁荣、自由开放的城市范式，绘就了古刺桐城"市井十洲人""涨海声中万国商"的文明盛景。时隔多年再访海外交通史博物馆，它就如同一艘远航归来的海船，静静停靠在

泉州海外交通史博物馆外形似一艘海船

泉州东湖边。馆内，国内发现年代最早、体量最大的宋代海船，数百方宋元时期的伊斯兰教、基督教、印度教石刻，各个年代的外销陶瓷器，以及数量众多的反映海外民俗文化的器物……展示了中国古代海洋交通、航海科技与中外经济文化交流，讲述了世界不同文明交流互鉴、互融共生的历史故事和悠久灿烂的中华海洋文明。

来到泉州，你或许会发现这里没有名山大川，也没有金碧辉煌的大寺庙，泉州的文化基本上就沉淀在这曾经的326条街巷当中，沉淀在泉州人的生活当中。

来到泉州，不一定要去逛一些大景点。走在寻常的巷子里，你就能够感受泉州人的生活。非常建议大家在每月初一、十五的时候来泉州，感受那香烟缭绕、真正的"半城烟火半城仙"的生活状态。

时值农历正月十一，晚上，永春县达埔镇岩峰村将举行"炸佛"的民俗活动，这是有着600多年历史的逐火把习俗，是泉州市众多非遗之一，也是"八闽第一奇"。每年正月十一至十五晚上，所有年轻人都戴着三角斗笠，赤膊抬着佛像走村串巷，沿途接受大串大串炮火的"轰炸洗礼"，鞭炮用竹竿卷起，在佛公顶头燃放，许消灾祈福、保佑平安之愿。这种独特的传统民俗只有达埔镇才有，这是属于当地人的狂欢节，人们将在爆竹声中驱散旧日的阴霾，迎接新生活的到来。

永春县达埔镇岩峰村的"炸佛"民俗

我突然明白了这是辞旧迎新的最好体现，每年，那些炸烂了的竹竿会被丢弃，第二年人们又会从后山的竹林里砍下新的粗壮的竹子，信仰对人们来说，就跟这片土地一样生生不息。还记得去年此时，我开车途经达埔镇刚好遇上"炸佛"，噼里啪啦炸得我这个新手司机大为震撼；今天，我打算带上我的照相机，去记录这精彩绝伦的非遗民俗。人们逐火把"炸佛"的寓意除了祈祷消灾添丁外，也在祈祷新的一年风调雨顺、五谷丰登、国泰民安、天下太平！

龙腾东海，福满泉州。潮起潮落，海洋以脚步不息的自我更新，成其浩瀚；文脉赓续，海上丝绸之路的起点以文化包容、自由开放的城市范式，生生不息。亲爱的朋友们，欢迎大家来我的家乡泉州，在红红火火中一同祈愿龙年吉祥如意！

2022级国际新闻与传播专业本科生

王婧

2024年2月20日

书于福建泉州家中

贫困乡喜迎富足年　小县城折射大发展
——"小候鸟"的观察日记

亲爱的老师们、同学们：

见字如面，展信舒颜。

辰龙迎春之际，幸能执笔此信，与大家共享新年见闻。

提起祖国最南端的省份海南，想必大家都会想到生态之乡、宜居之城、避寒胜地。的确，三年前我的认知也大抵如此。平日奔走京城忙学业，春节飞渡琼崖避凛冬，这成了我多年不变的运动轨迹和习以为常的生活模式。

保亭位于海南省中南部，地处全球黄金度假带——北纬18度，被誉为三亚市的"后花园"。然而，三年疫情阻隔了我这只"小候鸟"与保亭的冬春之约。好在，相比于保亭颇为不便的交通、缺乏年味的小区、贫穷落后的县城，留在繁华富庶之都过年似乎也没有多大损失。因此，今年再次踏上保亭这片土地，我并未企望会有多少新鲜感，没想到很快就被目中所见、耳中所闻惊艳了。

修好康庄大道　喜迎八方来客

变化早在从三亚机场到保亭的途中就已显现，只是阔别故乡三年的我未曾在意。当接机车又快又稳地抵达小区时，我才意识到过去两个多小时的车程这次仅用一半时长。司机余师傅自豪地介绍:"宽阔舒适的山海高速在2021年就已全线通车,坑洼路成为历史,如今,海南岛实现了'县县通高速'。"要想富,先修路,看来保亭已经修好了走向富裕的康庄大道。

车进小区,我还来不及感叹道路的通畅,便又惊叹于眼前胜景:路边水果琳琅满目,街道人群熙熙攘攘,男女老幼笑呵呵地挑选着椰子、莲雾、凤梨、榴梿、百香果、波罗蜜等各类水果;路两旁车辆停靠整齐,粗略一扫,车牌号竟遍及大半个中国,远至新疆、青海、内蒙古,近如广东、广西和云南,甚至还有不少"尔滨"朋友也来凑热闹,大家纷至沓来、殊途同归,聚集于此共贺新年。记忆中那个人烟稀少、寂寞冷清之地瞬间变得生动而热烈,高涨的人气与火热的年味如期而至。

新设的3路公交站点建于小区路口,"微公交"的开通解决了居民的出行难题。以前,我们去县城购物等一小时都打不到车,如今"打车难"已一去不复返。公交司机笑着说:"保亭虽是小县城,也要向三亚看齐。"以前车位规划不合理,靠的是违停就拖走的强硬手段;现在规划出更多车

"微公交"开通

位，用的是违停先行提醒的文明执法。保亭的交通不仅硬件日益发达，管理也更加科学和人性化。

康庄道喜迎八方客，致富路搭起幸福桥。小县城建设城郊交通，盘活空间资源，做强优质店铺，推动人员流动，不仅满足了百姓的基本生活需求，还鼓励产业按需发展，双向成就。

时隔三年，故地重游，保亭旧貌换新颜。这里不再只是销售空气与阳光的养生之地，更是候鸟的安居之地、城乡发展的变革之地、迈向现代化的发展之地。

"候鸟""土著"两相宜　物质精神双丰收

伴随着物质条件的改善，百姓精神层面的追求也水涨船高。

今年，社区结合外来人口多、往年年味淡的特点，首创"欢迎回家"春节主题灯光秀，"龙飞凤舞""灯笼长廊""爱心通道""感应开花"等各具特色的绚丽彩灯美轮美奂，让"候鸟"们沉浸在光与影交织的梦幻之中，从心底有了安家归家的温馨感。

在保亭县文旅局的支持下，保亭影剧院连续三天安排"保亭候鸟2024年迎新春主题文艺汇演"，"候鸟"们大展身手，台下座无虚席。

迎新春文艺汇演

年前，"七仙广场"举办了首届年货节，各类商品应有尽有，从早到晚人流如织，吹拉唱跳争相上演，年货广场成了欢乐的海洋。"候鸟"和"土著"老幼相携，谈笑风生，其乐融融。

大年初二一早，邻居张奶奶带来好消息：县城中影影城装潢一新，开门迎客了。我当即买了电影票，去探索这一新发现。影城门面不大，里面买票的人却不少。售票大厅宽敞简约，热映的贺岁片海报跃然墙上。影厅是小厅，一层一厅，共有三个厅。它虽比不上首都中华影城的高大上，但对比前身可谓天降之宝。每一个从影城走出来的人都笑意盈盈，其中除了有被贺岁片逗笑的欢愉，应该也有几分饱食精神盛宴后的满足吧！

我不禁感叹：中国式现代化强调物质文明和精神文明协调发展，保亭的现代化之路也从这两方面入手，就像一个虽落在后面但从不言弃的孩子，不断完善基础设施，持续富足精神文明，憋足劲默默朝中国式现代化稳步迈进。

非遗赋能巧脱贫　　文旅融合孕新生

说起综艺节目的取景地，江南水乡的旖旎风光、时尚都市的美丽风景瞬间涌入脑海，而《爸爸去哪儿》和《奔跑吧兄弟》却不约而同地来到保亭一个2019年脱贫的现代村止——甘什黎村取景。住低矮的茅草屋，摘野果掺米煮粥充饥……这便是保亭黎族苗族自治县的部分黎村苗寨村民过去生活的真实写照。如果你据此认为他们没有自己的传统和文化，那你就大错特错了。黎族人是海南岛上最早的居民，传承着黎族非遗最具特色的传统技艺和文化。遗憾的是，这些民族精华长期以来未被充分开发和利用，导致他们端着金饭碗要饭，长期处于贫困状态。如今，我再次踏入黎村，却惊奇地发现，依托非遗文化和文旅融合的新发展态势，祖传手艺变成了脱贫"利器"，文化传承与经济发展实现了美美与共。现在的黎村，已经成为非遗文化与生态旅游有机融合的新型村寨，正向络绎不绝的游客展现它的独特魅力，昔日贫穷落后的乡村大踏步地走在了文旅融合、脱贫致富的大路上。

春节期间，我慕名来到海南民族文化的"活化石"、黎族非遗的旗舰店——槟榔谷探寻非遗的印记，发现在这里展示的非物质文化遗产达十项之多。黎族文化源远流长，原本用来维持生计的黎族纺染织绣、见血封喉树皮衣制作、竹木乐器演奏、船形屋营造等特色技艺，逐一向游客展示，高超的手艺和精妙的演奏令人叹为观止。文面的八旬阿婆朴素又热情，据她介绍，先前村民们单靠耕田入不敷出，现在通过为游客表演织黎锦、教游客唱黎歌等方式秀技艺、亮绝活，每个月有几千元固定收入，还能将黎锦、藤编竹器等手工艺品卖给游客，收入比之前翻了好几倍。

跟着阿婆，我们体验了织锦、舂米等黎族生产生活技艺，品尝了具有黎族特色的三色饭、椰子鸡、五脚猪等传统美食，别具一格的黎族风土人情，酝酿出独特的民族年味。顺应山势，槟榔谷还设计了山地卡丁车、"步步惊心"、雨林漂流等多个娱乐项目，实现文旅多层次融合，打造多种体验的民族特色之旅。

黎锦纺织技艺

如今，保亭在巩固拓展脱贫攻坚成果同乡村振兴有效衔接的道路上阔步前行。海南正构建从产业发展到民生保障、从自然生态到人文气象的全方位"衔接机制"。2022年槟榔谷黎苗文化旅游区被列入"全国非遗与

鼻箫演奏

旅游融合发展优选项目名录",非遗文化里涌动着经久不息的发展活力,蕴藏着人民致富的经济宝典。

非遗赋活,走入人心。保亭抓住文旅产业融合发展的时代先机,乘时代之风,昔日贫瘠村寨华丽变身为"醉美黎村"。我有幸和黎族人民一起体验黎家新春年味,品味非遗文化自信,共享中国式现代化成果的甘甜。贫困村变致富村后,保亭愈加重视对非遗文化的保护、传承与发展。保亭县非物质文化遗产名录陈列馆以文字介绍、图片展示、互动体验等方式展出了多项非遗。"2024我们的小康生活美术创作展"中,艺术家们用年画的方式传递非遗赋活的文化及社会价值。

众志成城齐献力　自贸港口共蓄能

保亭县的稳步发展是海南省全面融入共建"一带一路"倡议进程的一个缩影,也是国家打造中国特色自由贸易港的必要准备。根据国家战略安排,海南全省上下致力于探索中国式现代化海南路径。2025年前,海南要打基础、补短板、强弱项,加快落实政策早期安排,为在条件成熟时实施全岛封关运作做好准备。

2035年前，海南要基本形成成熟的自由贸易港制度体系和运作模式。我们有理由相信，全省县乡村都锚定经济高质量发展行动起来，就能确保海南自由贸易港建设蒸蒸日上，就能推动海南省中国式现代化进程滚滚向前。

2024年被视为海南自贸港封关运作的攻坚之年，为实现既定目标，来自全国各地的一线工人坚守岗位，就地过年。他们抢工期、保进度，机械"不停工"、人员"轮流上"、春节不打烊，向下一个建设节点奋力冲刺。

致敬中国式现代化的一线建设者！

亲爱的老师们、同学们，目睹这片热土上发生的日新月异的变化，我忍不住想对你们说：

如今的保亭，已打破人们对它的刻板印象，成为中国式现代化道路上的奋斗者、贡献者。每一个今非昔比的生活细节都来之不易。愿你我同样拥有勇气、骨气与志气，汲取奋进养分和强劲动力，怀揣参与强国建设、实现民族复兴伟业的热情与豪迈，回馈脚下这片热土。相信盛世中国定会沿着中国式现代化的伟大道路厚积薄发、勇毅前行。

最后，欢迎大家加入"候鸟"大家族，一同见证全球最大自由贸易港的腾飞！

2023级广播电视编导（电视编辑方向）专业本科生

汪梦嫒

2024年2月20日

书于海南保亭

忍冬信札2024：遇见家乡的中国式现代化

2024.2.21
第四十三封信

因交通而发展，新时代九达天衢再书华章

亲爱的老师们、同学们：

见字如晤。

岁序易，华章新，吾以笔墨为桥，寄情于尺素之间，望能与君言故乡之秀丽，展故乡新时代之发展。

我的故乡德州，应该算得上广为人知，却鲜少有人能洞见其底蕴。非常荣幸能有这样一个机会和大家分享我的故乡。

"热中一抖骨肉分，异香扑鼻竟袭人。"提及德州，人们总能忆起的是火车上列车员推着小车叫卖的"德州扒鸡"——就如每次我向朋友们介绍我的故乡，大家最感兴趣的内容也大多和"扒鸡"有关。的确。扒鸡作为山东的传统名吃和国家级非物质文化遗产，已经成为德州这座城市独有的"代名词"。

扒鸡是德州最亮眼的名片之一，但并不是德州的全部。

从黄河故道、运河之滨，发展到九达天衢、神京门户，德州这座拥有千年历史的城市，自古以来便承担着重要的交通职能。

"控燕云而引徐兖，襟赵魏而带溟岳。"德州地处华北平原中心、位于山东省西北部，黄河与大运河在此交汇，大运河直接赋予了德州南北水陆交通枢纽的职能。明朝定都北京时，河北、山东、河南、江苏、安徽、浙江、江西、湖北、湖南九省对北京皆有运粮任务，德州作为漕运的"咽喉"，不仅成了当时的四大粮仓之一，更成为京都通达九省的御路，成就了"九达天衢"的美誉。

进入21世纪，德州成为京沪铁路、石德铁路、京沪高铁等五条铁路干线的交会点。作为山东省的"北大门"，德州市政府积极推进"中国式现代化的德州实践"工程，在交通建设上持续发力，放大区位优势，提出了适应发展的德州新方案：南北借力京沪高铁大动脉、东西融入沿黄达海大通道，构建"四纵五横"铁路网、"七纵五横"高速公路网，连接全国、辐射冀鲁，再造现代化的"九达天衢、神京门户"。

一个半小时，大约是从学校坐地铁前往北京城西的时长；但一个半小时，也可以是从德州乘高铁到北京南站的时长。每每坐在回北京的高铁上，我总是因现代化的交通建设而幸福。

"刚刚打电话不还在北京吗？怎么这么快就到了？"每次刚进家门，我总会听到奶奶的惊叹。从小生活在铁路旁的奶奶，对火车的印象还停留在绿皮车时代。她总是与我唠叨她年轻时坐车的经历："那时候车慢，如果去北京，得坐半天车！哪像现在，眨眼就到了。"去年"五一"假期，我带奶奶从德州来学校参观，看着复兴号在眼前呼啸而过，奶奶赞叹不已。坐上高铁，奶奶更是对车厢内干净整洁、现代化的环境赞不绝口。交通的现代化是一座城市发展的重要基石，是构建新发展格局的重要支撑，更是服务人民美好生活的坚实保障。

2022年7月，德州被纳入《京津冀协同发展规划纲要》。地处鲁冀交界的德州，这样的新发展是与其地理位置和交通建设有着重要联系的。在政策支持、交通便利的支撑下，德州政府积极与京津冀地区对接合作，不断推动德州与京津冀交通、能源等重要设施互联互通。因交通，德州不断深化融入京津冀协同发展；因发展，德州不断加速提升交通基础设施建设。在党中央的领导下，我的故乡德州源源不断地迸发出全新的生命力。

在我的人生旅途中，有近十年都是在外求学，寒来暑往，我乘着现代化的交通设施往返于学校与故土之间；而每每回到故土，我又总是被这座城市惊艳。记得小时候，父亲来高铁站接母亲和我，路上，母亲指着远处的一片工地告诉我，那里正在建设一座太阳能小镇。太阳能小镇？短短五个字对于当时年幼的我有着莫大的神秘感与吸引力。随着后来外出求学，一次次上学、一次次返乡，一趟趟路过，一趟趟再经过，我扒着车窗，见证了太阳能德州小镇的建成。

初中时，一次假期回家，我惊奇地发现路边出现了一座巨大的扇形建筑，建筑的表面覆盖着一层层的太阳能板，询问爸爸才得知，这便是第四届世界太阳城大会的主会场——日月坛·微排大厦，也是目前世界上最大的太阳能建筑。机缘巧合下，那年暑假，我参与了一场在微排大厦举办的活动，有机会参观并了解这座充满科技感的建筑。大厦全球首创性地实现了太阳能相关多项高新技术与建筑的完美结合，将多项节能技术发挥应用到极致。参观这座大厦时，我非常兴奋——一想到几乎所有的能源都来自阳光，房间内的一切便被赋予了一种新奇的体验。

德州在太阳能开发和利用方面取得了显著成就。被誉为世界太阳能"硅谷"、全球低碳中心的"中国太阳谷"正坐落于德州。在交通建设支撑城市经济发展之外，如何走出一条属于德州的现代化发展之路，成为故乡发展的新课题。如何推动绿色发展，促进人与自然和谐共生是推动美丽中国建设的重要命题，对于太阳能的大力开发和利用是德州给出的答案之一。在市委、市政府的领导下，德州采取政策拉动、服务促动、龙头带动和外引内联等综合措施，着力打造以太阳能为主的新能源产业集群，成为国家新能源示范城市。太阳为世界提供了能源新类型，也为德州照亮了发展新道路。

今年再回德州，我发现太阳能德州小镇举行了新春灯会。夜幕降临，小镇华灯熠熠。我和朋友们漫步其中，感受着新时代故乡的新变化。抬头看，绚丽的烟花在天空中炸开，绽放出一朵又一朵灿烂的金花；地面上，各式各样的新年花灯流光溢彩，向游人们展示着多彩的美好。"快回头看，是无人机！"同伴拉着我挤进人群，无人机变换着队形，"新年快乐"的字形、小女孩放爆竹的图形、中国龙的造型等在空中轮流出现，我不禁和周围的观众一起举起了手机，记录下这美好的时刻。除了这些震撼人心的灯火，在灯会上，我们还欣赏到了各类民俗表演，有小时候课本上描写的豪迈的安塞腰鼓，还有潇洒的山河鼓子秧歌与热闹的舞狮表演，台下的掌声和欢呼声此起彼伏，我的心中不由得生出浓浓的喜悦与民族自豪感。是啊，一座城市、一个国家的发展怎么离得开文化呢？以新春为题，以民俗为本，这般盛大的过年活动将传统文化与现代科技相融合，顺应了中国式现代化的文化发展需求，丰富了人们的精神世界。

如果你问我，德州这般有趣，却仅仅闻名于扒鸡，我会不会感到遗憾？我想，答案是否定的。相反，我倒觉得扒鸡是德州最好的名片之一。如果说德州是一座因交通而发展起来的城市，那么著名的德州扒鸡实质上是配套形成的特色服务业产品，它属于交通，属于德州，更是因交通、因德州而更加闻名。

龙腾青山水波涌。期待德州在中国式现代化的道路上走向更加美好的明天。

祝愿祖国迎来更璀璨的日新月异，也祝愿每个人都拥有繁花似锦的新一年。

期待我们同唱新时代的旋律，共赏中国式现代化的壮丽画卷！

静候佳音，盼与君再叙旧谊。

顺颂时祺。

2021级广播电视编导（电视编辑方向）专业本科生
秦乐宇
2024年2月21日
书于德州家中

2024.2.21
第四十四封信

新街镇的蝶变：现代化春风下的田野新绿

亲爱的老师们、同学们：

见字如晤。

我的家乡是天长市，"天长地久"的"天长"。

历史上，"天长"因唐玄宗而来，为了纪念他的生日，"天长县"就此诞生。而在历史的更迭与现实的生活之中，"天长"的意义更多地被生活在这一片土地上的人们所赋予。

我家住在新街镇上，这是一个占地85平方千米、居住着2.4万人的小镇。新街镇的面积并不算大，但比起位于市中心的千秋与广陵街道来说，这里可以算是"地广人稀"了。究其原因，新街镇上分布着大片大片的农田。过去的很多年里，新街镇上的人们大都以农业为生。每到农忙时分，家家户户的男女老少都要集体出动赶往农田，有些在外务工的子弟会因人手不够而被叫回家。处于江淮地区的天长交替种植水稻与小麦，因此，农人一年的大部分时间都处于农忙阶段，农闲时刻不过三四个月。一直以来，我都以为这样一个小小的村落与"现代化"三个字毫无关联，毕竟与繁华的都市相比，这里显得那么原始与朴素。而在我离乡求学的十几年中，一切都在悄然变化。

幼时，村子里的农田大都由人力播种，鲜少有人家购买播种机。因为播种机价格昂贵，而每家每户的田地并不多，使用播种机并不划算，勤劳节俭的农民更愿意依靠自己的身体进行劳作。于是，在农忙时分，你总能在田野里看到一排排弓着腰插秧的农人，他们左手抓着一把秧苗，右手快准狠地插进田里，身后则是一排排整齐青嫩的秧苗。但这样的劳作极其辛苦，一天下来，人便会腰酸背痛，我见过奶奶在被烈日暴晒一天后回家扶着腰贴膏药的场景。后来，上小学的某一天，我得知我们家的农田已经承包给了别人。我问父亲为什么，父亲回答，农田承包给别人，我们就不用操心了，每年还能拿到承包费和一定数量的大米。不用种田，农民们就有时间做许多其他的事，何乐而不为呢？我又问，为什么有人愿意承包？父亲说，他们有机器，他们承包得越多，就越方便机器运作。机械化、规模化起来了，种植效率自然更高，利润的空间也自然更大。那时的我对这番话还懵懵懂懂，但我高兴，高兴奶奶不用再贴膏药忍受疼痛，高兴爷爷可以骑上他那辆自行车走南闯北。

今年过年回老家，我从饭桌上偶然得知家里的一个亲戚如今正在做着土地承包的生意。在和他的闲聊中，我得知他目前共承包了50亩土地进行麦稻复种，并且购进了许多农业设备：播种机、收割机、喷洒机、无人机等。他的农业合作社虽然才起步两年，但已经初具规模。当我问他感觉这生意怎么样、赚钱与否时，他有些不好意思但很骄傲地说："很好，很好。"他又补充道："虽然我们才刚起步，在买土地和买设备上花了不少钱，但国家很重视粮食安全，给了我们很多补助和政策上的优惠。而且去年一年粮食收成很好，市场价格也很好，我们已经和一些企业签订了长期的购销合同，粮食是不愁卖的。"他说这些话时神采奕奕，眼里放出光来。突然，他又像感叹似的说："以前许多人瞧不起种田的，现在也是，认为种田没有出息。可是，土地是我们的根，粮食从土里长出来，人死之后也会埋葬在土里。我家世世代代是种田的农民，以前种田是很苦，麦子收了种稻子，打完农药又灌田。但现在好得多了，我们有机器，有科技，有国家，我定要让他们看看，我们种田的也能活出一番出息来！"

农民的身离开了土地，但心不曾离开。随着天长的发展，许多人离开了村子，来到了街上、镇上、市里。他们不再种田，却仍心系土地。坐在街边喝茶的老大爷会念叨今年的麦子长势，怀抱孩子的中年妇女也会关心今年的粮食价格。

　　傍晚时分，我独自走上田埂。童年的某些记忆里，我曾在这些田埂上肆意地奔跑，脱下鞋子在蓄满水的田野里欢快地跳跃，也曾看过弯腰的农人、挥舞的镰刀和金黄的稻穗。19岁的我再次站在这里，放眼望去是整齐的青葱的麦苗。我往前走着，走过一座石桥，印象里以前这里只有一条木板，幼时的我看着下面湍急的水流，迟迟不敢踏过。现在，我脚踩在结实的石桥上，心里有一种前所未有的踏实感。石桥下方是一条宽阔的灌溉渠，石桥连接灌溉渠的两端。我幼时总能听到爷爷奶奶抱怨田地缺水，引水不够，稻子麦子缺水长不好。那时，村子里还没有修建灌溉渠，只有两条用土堆成的送水通道，土条略高于田地。因此，在灌溉期，田地里总是泥泞不堪，令人难以行走。此外，土壤含水量过高时土条极易坍塌，必须有人在田地里巡逻，加固土条以防"决堤"。而现在，我低下头，看着水泥筑的坚硬笔直的灌溉渠，纵身一跃跳了上去。

　　夜幕渐渐降临，我沿着田间小路一直走上大路。这曾是一条石子路，没有路灯，父亲开车带我回家时总要开着车灯颠簸好一阵。如今，路旁已竖起一排路灯。听父亲说，这是太阳能储能灯，白天吸收太阳能并将其转化成电能储存起来，晚上释放电能提供照明，既环保又省电。柔和的灯光下，我踩在平坦的水泥路上，朝着家的方向走去。

新街镇的道路与路灯

　　炊烟散尽天色晚，山村夜幕渐渐深。还未到家，我便远远地看到了升起的炊烟。从前，村子里用的都是自家砌的土灶台，需要在灶膛里烧柴火才能做饭，烧出的烟气则从屋顶的烟囱排出去，正是炊烟袅袅起，人间烟火处。现在，家里的厨房经过改造，装上了煤气灶，只须扭动按钮，火焰便升腾而起，但老土灶仍然保留着。父亲说，土灶的火力更大，烧菜熟得快。过年家里来客人时，父亲便会双锅齐下，土灶锅炒菜，煤气锅煲汤，不一会儿便能做出一整桌饭菜。你看，旧的不一定过时，新的不一定全面，新旧结合或许能取长补短，各挥所长。

家中厨房的灶台

临走那天，镇上有戏剧团正在进行新春表演，奶奶说他们每年都会来两次，大家可以免费看戏。我没去看，但父亲开车带我们离开时，我远远地望见一个较为简陋的红色台子上站着些许穿着戏服的演员，台前坐着一众男女老少，脸上挂着喜庆的笑容，年幼的孩子在台边的空地上跑来跑去。

新街是一个小镇，它的现代化比起大城市来说是那么微不足道，那么"半吊子"，但对于这里的人们来说，足矣。现代化建设的根本目的在于提高人民的物质文化生活水平，从新街镇人民幸福的笑脸上，我已经看到了答案。

2023级国际新闻与传播专业本科生

徐雨婷

2024年2月21日

写于苏州家中

忍冬信札2024：遇见家乡的中国式现代化

古榕新梦
——有福之州谱写新时代华章

亲爱的老师们、同学们：

展信舒颜，顺问春安。

提笔于年岁之初，笙歌间错华筵启，喜新春新岁。在享受家乡焕颜、家人作陪的喜悦之时，我迫切地想与大家一同分享这份来自家乡的热气腾腾的幸福。

"七溜八溜，不离虎纠（福州）。"我的家乡在有福之州——福建省省会福州市，福州有一个特别美丽动听的别称——榕城。习近平总书记曾于榕城言："我一生中最好的年华就是在福州度过的。"在中国式现代化的历史进程中，我的家乡日新月异、飞速发展，前进的每一步都满载着希望。从小在异地求学的我，每年仅有寥寥数次能与福州亲密相拥，但正因如此，我更能深切地感受到她一年又一年的蜕变与成长，心中充满了无限的自豪与热爱。此时此刻，我很高兴能在信中与正在读信的你一起聊聊我眼中的新时代美丽榕城。

"3820"，创绘蓝图

说起榕城的传奇故事，我想先向你介绍"3820"这几个数字。小时候，每当家中聚餐，我总能听到大人们在饭桌上聊起"3820"，每逢说起这几个数字，他们眼里都闪烁着赞许的光芒。那时的我年幼懵懂，全然不知这些数字到底是何意，只是隐约感觉它们背后一定有着与众不同的内涵。时光转瞬即逝，待我长大后慢倍速逐帧回忆，细细品味家乡榕城几十年的变迁与发展，才真正领悟并由衷赞叹"3820"对于福州这座城市的伟大意义。它不仅仅是一项战略工程，更是榕城人民几十年来共同努力、不懈奋斗的象征。

今年寒假，我陪着外公在福州的古新街巷中漫步徜徉，感受着这座城市古老韵味与现代风貌的交织。外公告诉我，从前的福州，工业基础薄弱，财政收入很少，发展观念滞后，交通阻塞不畅，在东南沿海的城市群中，只能黯然地落座于后排。

我挽着外公的手臂，在他的追忆之下，一幅福州历史发展画卷于我脑海中徐徐展开：1990年4月，习近平同志调任福州担任市委书记，甫一赴任，他便立刻组织"万人答卷、千人调研、百人论证"调研活动，认真倾听并大量征集福州市老干部和社会各界民众的意见和建议。外公说，当时，就连《福州晚报》上都刊发着调查问卷，邀请广大市民为城市发展建言献策，当真印证了那句话——"人民城市，人民建！"

在广泛征求意见的基础上，习近平同志立足于福州自身的特色优势，科学谋划了福州3年、8年、20年经济社会发展的战略目标、步骤、布局、重点等，其要义为：用3年时间即到1995年使经济上一个大台阶，主要指标在1990年基础上再翻一番；力争用8年时间即到2000年使全市城乡各项人均收入等主要指标达到国内先进城市的发展水平；用20年时间即到2010年达到或接近亚洲中等发达国家或地区当时的平均发展水平。这就是对身处世纪之交的福州产生深远影响的"3820"战略工程，它充分利用了福州的地域特色、海洋资源和侨胞优势，将福州的潜力发挥得淋漓尽致。

"一张蓝图绘到底，一任接着一任干。"在"3820"战略工程的指引下，福州城乡面貌与日俱新。这些数字不仅见证了榕城的崛起与繁荣，亦见证着榕城人民日益美好的幸福生活。2010年，福州顺利实现了三阶段目标。我依然清晰地记得，我和爸爸妈妈一起坐在电视机前，看到许多人都在庆贺我的家乡20年来的发展成果。那一刻,我们真真切切地感受到了家乡知名度和综合实力的飞速提升,自豪之情难以言表。20年后,我的家乡继续携着她悠久的历史沉淀和"3820"的思想内核,在新时代脱胎换骨、勇往直前,不断为她的市民构建更加美好的灿烂明天。

丝路新篇,海韵福州

还在读初中的时候我便知道,我的家乡福州在古代是"海上丝绸之路"的出发点之一。习近平总书记在新时期提出的"一带一路"倡议,再一次把福州与"21世纪海上丝绸之路"紧密联结在一起,让大美福州扬帆"海丝"再出发。在"一带一路"倡议的大力带动下,整个福州都呈现出蓬勃向上的发展生机。

我的老家福清是福州的一个县级市。新春佳节,我和爸妈来到福清江阴镇,去妈妈的同事林阿姨家拜年。林阿姨家中很气派,妈妈打趣道:"大户人家出江阴呐!"在一片说笑声中,林阿姨告诉我,江阴镇经济的稳步发展,离不开江阴港区作出的贡献。江阴镇内的江阴港区犹如巨龙一般,气势磅礴地从陆地扑向浩瀚无垠的大海,依托丝路海运,为福州发展不断注入强大的"蓝色动能"。江阴港区是福州最大的港区,这里每日海船云集,来自海内外的商人纷纷会聚于此,66条航线365天24小时不停歇地南来北往,忙碌而有序地运输着全世界的货物。如今,这座蓬勃发展的国际大港已经是联通全球的国际枢纽,成为福清乃至福州的"聚宝盆"。秉承着"港兴城兴"的理念,福清市着力建设"丝路海港城",海洋现代农业、临港产业、海洋现代服务业等产业欣欣向荣,呈齐头并进之势,在海洋的滋养下,焕发出勃勃生机与盎然活力。

江阴港区还是福州"闽侨精神"的重要象征,见证了无数爱榕侨胞的辛勤付出与无私奉献。在与林阿姨的交流中,我深切感受到,福州的侨胞凭借自身的侨务优势,以敢于创新、勇于拼搏的精神,为榕城人民在筑梦新蓝海的征程中提供了坚实的支持。2021年,印尼·雅加达—中国·福清江阴"两国双园"海上大通道正式开通,"两国双园"充分利用福清丰富的侨务资源，不断推动中印尼的经贸人文合作交流迈向新的高度。江阴港区的发展成就，正是福州实现"海上福州"和"国际化大都市"宏伟目标的生动写照。

作者于平潭猴研岛

不仅是福清，就连曾经因自然条件恶劣而被称为"福州最穷县"的平潭，也早已旧貌换新颜。高考结束后的暑假，时隔8年，我与家人再次来到平潭游玩，我惊奇地发现，这里的一切全然颠覆了我儿时对平潭"小而穷"的印象！

作者于猴研岛"68海里"打卡点

平潭县是祖国大陆距离宝岛台湾最近的地方，拥有得天独厚的港、岛、渔、风等丰富的海洋资源。近年来，在"一带一路"倡议及其他相关政策的支持下，平潭"向海出发"，充分发挥"实验区+自贸区+国际旅游岛"三区叠加的政策优势和港、岛、渔、风等海洋资源优势，不断发展壮大海洋渔业、航运物流产业、海上风电等产业，积极招商引资，与台湾地区建立密切合作，推动海洋经济高质量发展，以令人震撼的变化与稳步向前的姿态自信地撕掉了身上"贫穷落后"的标签。

文脉传承，绿映福州

2023年，我的家乡福州从全球16个国家54个申报城市中脱颖而出，获得首届可持续发展城市奖，成为中国唯一获此殊荣的城市。聚焦于绿色经济和数字经济的可持续发展战略，福州追"智"逐"绿"，守护着榕城的历史文脉和生态环境，让市民游客在有福之州真正地享"福"。

在福州流传着这样一句话："三坊七巷一条街，半部中国近代史。"三坊七巷起于晋，完善于唐五代，鼎盛于明清，被誉为"明清建筑博物馆"。现如今，它已成为我国5A级景区，来自全球各地的游客络绎不绝。这里人杰地灵，许许多多历史名人都曾在这里居住：民族英雄林则徐、启蒙思想家严复、船政功臣沈葆桢、革

春节期间的三坊七巷

三坊七巷龙形灯饰

命烈士林觉民、著名才女谢婉莹……今天的三坊七巷，在保留原有文化韵味的同时，更融入了现代生活的气息，充满了人间烟火气。龙年新春至，三坊七巷也在热闹的氛围中和来自全国各地的游客一起"过了个好年"。热气腾腾的福州鱼丸，给游客们带来了弹滑舒爽的舌尖美味；喜庆亮眼的龙形灯饰，为新年增添了几分洋洋喜气。

也许是想让三坊七巷浓厚的文化底蕴再增添些新的活力，三坊七巷紧跟时代步伐，积极适应数字化发展的新潮流。听三坊七巷的工作人员说，计划于2024年5月在三坊七巷景区全面投用的"三坊七巷数智文旅元宇宙项目"，致力于打造一种全新的"全街区数实融合游览"体验，向游客们诚挚地献上一幅古韵与新潮完美相融的魅力新画卷。

走福道，福来到！感受完三坊七巷的非凡热闹，若你想到户外大吸一口天然氧气，那么，我想带你上福道走上一走。福道是全国最长的空中森林休闲步道，环线全长19千米。它宛如一条穿梭于青山绿林间的"美丽飘带"，缓缓融进城市肌理，为福州注入了一股"绿色血液"，串联起福州市民的绿色生

傍晚时的福道

福道夜景

活。我特别享受茶余饭后与家人在福道上散步消食的时光，城市在脚下，草木在身边，清新空气在鼻息间流连，浪漫晚霞近在眼前。这样一条直通家门的"绿色福利"让美丽福州城更添朝气与活力。我想，福道是人与自然和谐共生之道，也是城市建设与生态保护的平衡之道！

2021年，习近平总书记来到福州考察时欣慰地表示："我在这（福州）工作的时候，就设想把福州建成海滨城市、山水城市，现在发展得比当时设想得还要好！"我也想为我的家乡竖起大拇指，大喊一声："虎纠，丫霸！（福州，好棒！）"

春暖花开，福满榕城

福州不仅是个文化底蕴深厚、生态环境优美的城市，而且是个充满人文关怀的城市。习近平总书记1990年主政福州时曾言："残疾人事业就是春天的事业。"

2023年的暑假，我参与学院组织的"无障碍信息传播"暑期调研活动，进入福州市盲校进行田野调查。进入校内，我看到了优美的校园环境、专为不同身高视障盲童设计的走道扶手、舒适的盲文图书室、设备齐全的物化实验室、专业的盲人按摩教学室、宽敞的盲人足球场……完备的教学设施、科学的教学理念以及兼具现代化与人性化的设计，处处都体现着盲校对于视障人士的充分尊重和细致体贴。

来到盲校荣誉展览区，校长兰廷义自豪地向我们介绍道，福州市盲校为中国盲足国家队培养并输送了许多优秀人才，他们在国内外比赛中抱回了很多大奖，不仅为中国盲足争光，更为中国所有的视障人士争光！我还与福州盲协的工作人员共同欣赏了盲童们的才艺表演，舞台上的他们能

福州市盲校大门

说会道，歌声宛如天籁。他们看不见我，我却能清楚地看见他们在舞台上闪闪发光的模样，并因他们美好的童真与自信而热泪盈眶。一瞬间，温暖和幸福的氛围团团

兰廷义校长介绍福州市盲校的教学理念

包围住我，"春天的事业"在新时代的福州澎湃着更加美好的活力。每当回想起视障人士在各自喜爱的领域尽绽光彩之时，我都会对福州助盲事业感到由衷的赞叹。

文书于此，心中的骄傲与自豪之情实在无法尽于言表。我深知自己何其幸运，一出生便逢家乡蓬勃发展时，亦深知作为家乡的新时代青年，我肩上承担着延续家乡辉煌成就的重任。

"躬身入局，挺膺负责，乃有成事之可冀。"思想的伟力可敌千钧，唯有紧握"3820"战略工程的思想精髓这一时代密码，才能让福州市在中国式现代化发展道路上行稳致远。愿自己时刻跟上家乡的发展脚步，踔厉奋发再奋发，终有一天能够成长为谱写中国式现代化福州新篇章的执笔人。

信的最后，祝大家龙年添岁又添福！诚邀大家做客我的家乡福州，希望彼时的福州能够为你带来沉甸甸的福运！

2022级网络与新媒体专业本科生

林斯琦

2024年2月22日

书于福建福州

从旱海到活水

——我的家乡西海固

亲爱的老师们、同学们：

见字如晤，展信舒颜！

提到我的家乡"西海固"地区，大家可能会觉得有些陌生，但如果提到热播剧《山海情》中主人公们生活的那片沙尘蔽日的西北旱土，相信大家肯定会有印象。

西海固地处宁夏回族自治区南部山区，"风吹石头跑，地上不长草，天上没只鸟"生动描绘了这片土地的荒凉与贫瘠。晚清名臣左宗棠在奏折中曾称西海固"苦瘠甲于天下"，这里也是20世纪被联合国粮食开发署认定的世界上22个"最不适宜人类生存的地区"之一。西海固环境极其恶劣，山大沟深，极度缺水，当地人吃水难、行路难、种粮难。目之所及，尽是连绵的黄土坡和深邃的沟壑，土地贫瘠不堪，且常受风沙侵扰，使得农作物难以扎根生长。西海固的村民们只能依赖耐旱的马铃薯来维持生计。生活用水极度匮乏，人们不得不用水窖储存雨水或从外面运水。在如此恶劣的环境下，许多家庭的生活几乎完全依赖国家的救济。

改革开放以来，国家实施了一系列生态恢复和扶贫政策。退耕还林、封山禁牧等措施有效地遏制了荒山荒地的扩张。随后的生态移民政策更是将那些生活在无水无路的深山里的村民迁移到了黄河灌区，为那些秃山荒坡播撒了生命的种子，生态环境得到了显著恢复。党的十八大以来，在精准扶贫政策的推动下，西海固各乡村修建了硬化道路，通信网络全面覆盖，家家户户都用上了引来的自来水。随着自然环境的持续改善，风沙已不再是威胁，雨水也变得充沛起来，粮食产量连年增加，人们的生活水平得到了根本性的提升。

中国式现代化是一个既充满东方智慧，又体现时代精神的词汇。在我看来，中国式现代化不仅仅是一个经济或政治概念，更是一种深入骨髓的文化追求和社会理想。我出生在西海固地区的海原县，在党和国家的政策帮扶下，2020年，海原县实现了"脱贫摘帽"，并于2021年被列入乡村振兴重点帮扶县行列。站在2024年甲辰龙年新春的时间点，我想讲述一个关于家乡、关于现代化、关于我的故事。

且看满山梨花香，风吹旱海产业兴

爷爷是海原县关桥乡的一位果农，经营着一片香水梨果园。关桥乡种植香水梨已有近200年的历史，每年梨花盛开时，家乡仿佛变成了一片白色的海洋，花瓣飘落，如同雪花纷飞，分外动人。但更为动人的，是这片花海背后所蕴藏的现代化故事。

犹记得在我小的时候，爷爷总在冬天带我去掘梨树的小根，这些小根倔强地从树根旁扎出头来。我问爷爷为什么要铲掉这些新生的根系，爷爷解释长出地面的小根会影响果实的生长，任小根生长会浪费更多的水分。爷爷还问我，如果他离去，我会不会也来掘这些根。我那时不懂这些，只觉得干活辛苦，爷爷则眯着眼看着自己经营的果园说："冬天勤快点，明年果子又是个好收成。"

小时候的我不太懂这些梨子对于爷爷的意义，和爸爸某次聊天提及时，爸爸说爷爷年轻时家里穷，每年卖果子算是一份不小的收入，正是靠着这些果树才帮助家里屡渡难关。我这才明白，爷爷小心翼翼、耐心呵护的这些梨树于他而言，是弥足珍贵的情愫所在。小时候的我也经常看到爷爷眉头紧锁，为梨子的储存和销售问题而苦恼。香水梨虽然味美甘甜，但由于储存技术的限制，很容易腐烂，大量的梨子常常无法销售出去，这给爷爷带来了很大的困扰。爷爷总是说:"如果卖不出去,一年的辛苦就都白费了。"

十八大后,党和国家提出要"依托优势资源,助力精准扶贫"。家乡传统的香水梨产业,也在科技的助力下焕发出新的生机。家乡成立了香水梨合作社,合作社引入冷库保鲜新技术,之前掣肘香水梨销售的存储问题得到了解决,香水梨的储存期大幅延长,甚至可以实现常年销售。合作社还与中国农业科学院果树研究所合作,使得香水梨的种植、储存、加工都实现了现代化、专业化。

目前,家乡的香水梨合作社不仅拥有香水梨汁、梨膏、梨酒等多样化的产品线,还申请了多个商标和绿色食品认证,并通过电商平台和代理商,将香水梨产品销往全国各地。销售额的飙升,不仅让合作社成员的收入翻倍,还带动了周边村庄的经济发展。

爷爷果园里的香水梨再也不愁坏掉、卖不出去了。

时光荏苒,爷爷故去已有八年。前人栽树后人乘凉,梨花每年依旧如期盛开。去年家乡梨花节时,我走进关桥百年梨园,玉树琼林,白花似雪,千亩梨园梨花盛开如仙境,吸引众多游客踏青春游,享受花海美景和乡村风情。现场还展出了非遗作品、旅游商品和农产品等,提供一站式乡村旅游体验。活动包括红色文化参观、综艺晚会、直播带货和厨艺大赛等,旨在打造"关桥梨花小镇"品牌,促进农义旅商融合发展,助力农民增收和乡村建设。

小小的香水梨,种出了海原乡村振兴的美好前景。而我,作为这片土地上成长起来的孩子,深感自豪。在这片曾饱经苦难的土地上,我看到了传统与现代的融合,看到了科技对农业的推动,也看到了乡村振兴的坚实步伐。亲爱的老师们、同学们,也邀请你们来到我的家乡,于春暖时节,看花开满山!

乡村振兴正当时,公益返乡引活水

作为一个曾经的国家级贫困县,我的家乡海原县和公益有着割舍不断的渊源。自20世纪80年代起,在党和国家的政策扶持下,以福建省政府、宋庆龄基金会及厦门大学为代表的各方公益力量如同汩汩泉水，相继涌入这片干涸已久的土地。电视剧《山海情》讲述的，是维系闽宁两地密切往来的山海之谊，是一代人对家乡无法割舍的深厚情怀，是只有这片广袤大地上才能生长出来的动人故事。习近平总书记（时任福建省委副书记）在担任闽宁对口帮扶领导小组组长时说："闽宁对口扶贫协作是一项政治任务，我们要坚决完成。"问渠哪得清如许，为有源头活水来。彼时的外部活水帮助我的家乡渡过难关，脱贫致富。站在乡村振兴历史节点上的海原县，也涌动着内部活水。

"我们想让阅读带给这片土地力量，也想通过阅读链接起助力家乡振兴的源源活水。"我的毕业设计纪录片的主人公田兴福在被问及为何选择回到家乡开一家公益图书馆时这样回答。田兴福2022年从银川辞职回到海原县，基于对海原县的深入考察，他发现县域环境内公共阅读环境缺失，儿童阅读量普遍偏低，这让他更加坚定了回家乡做阅读推广的信念。

去年8月，当我回到家乡寻找毕设选题时，朋友向我推荐了石头汤公益图书馆，这里向所有人免费开放。理事长田兴福和馆长马晓荣是夫妻俩，他们毕业于中央民族大学，在外工作六年后，带着孩子回到家乡海原县，创办了宁夏

大家在海原县石头汤公益图书馆内一起做游戏

第一座公益图书馆。他们想以阅读为切入点，助力乡村振兴。

我在纪录片拍摄中真实记录了二人为了图书馆能稳定运营下去在县域环境内进行筹款的公益实践，他们也奔走在银川、西安等地，只为整合凝聚多方活水，让自己的家乡变得更美好。石头汤公益图书馆的名字源于一本内含公益理念的同名绘本《石头汤》，田兴福夫妻俩用自己的行动诠释了公益的真谛，也感染着身边的每一个人。他们以人与人之间的互助协作，践行绘本《石头汤》中"人人为善，共煮一锅汤"的公益理念。

田兴福和马晓荣是这片土地上的典型代表。他们返乡助力家乡发展的故事，不仅仅是他们个人的奋斗史，更是西海固地区发展变化的缩影。通过他们的视角，我们可以更加深入地了解这里的发展历程和巨大变化。从最初的贫瘠落后，到如今的繁荣发展；从过去的自然环境恶劣，到现在的生态环境治理成效显著；从曾经的民生艰难，到现在的乡村振兴如火如荼……这一切的变化，都凝聚着无数像田兴福、马晓荣这样的当地人的辛勤努力，他们共同助力家乡从脱贫攻坚大步迈向乡村振兴，在乡村振兴的大时代潮流中奋楫争先。

亲爱的老师们、同学们，时间延伸向前，故事也将接续发生。我相信在未来的日子里，这片曾经的西北旱海将活水汩汩，变得更加美好。在这片土地上的家乡人民也将像香水梨树一样，开出洁白的花，生出甘甜的果！

隆冬已去，且盼春来！

2022级广播电视硕士研究生
李秉诚
2024年2月22日
书于宁夏回族自治区中卫市海原县家中

古镇焕新颜
——从红色古镇到五彩新城

亲爱的老师们、同学们：

展信佳。

听着窗外滚过的阵阵春雷，我恍然意识到甲辰龙年已翻过十余天的书页。春意渐涨，开学在即，愿大家旦逢良辰，顺颂时宜。

我的家乡黄桥镇位于平坦的苏中平原，因民国时期的"黄桥战役"而成为红色重镇。儿时的我，常常漫步在白墙黑瓦间，踩着青砖路上的水坑，溜进朱履先中将府看荷花开败，跟老房子屋脊上的猫咪玩捉迷藏，心中却一直暗暗向往着大都会的繁华喧嚣。如今看来，那段时光倒有些"不知有花"的浪漫与童趣。随着时代的飞速发展，我的家乡在保留古韵的同时，对乡村进行了大规模的现代化改造，对产业结构也进行了大幅度调整。今年回家，我在走亲访友的过程中，不断感受到家乡变化带来的惊喜。从城市求学归家的我，与自身不断优化的家乡，仿佛两个阔别多年的老朋友，彼此细细打量一番，感慨良多。我的家乡，在鲜艳的革命红色中，加入了古镇的灰、生态的绿、提琴的棕，实在是绚丽多彩！

古镇载历史，红色传千年

回到家没几天，我便和朋友约好前往珠巷吃早点。珠巷是一条布满明清时期建筑的古巷，每到晨光熹微时，珠巷的早餐铺便会纷纷开张，氤氲的香气在古巷里弥漫。买一个黄桥烧饼，咬一口，唇齿留香。这样寻常的一顿早餐，不知不觉中已成为大学生在异地思而不得的美味。

关于黄桥烧饼，它可不只有本地特产这样简单的身份，更象征着军民之间的深切情谊。黄桥地区是中国工农红军第十四军的革命策源地之一。1940年，陈毅、粟裕率领新四军东进

新四军黄桥战役纪念馆雕塑

黄桥，在这里指挥打赢了著名的黄桥战役。在我对小学和中学的记忆里，我们每年都会在学校的组织下去新四军黄桥战役纪念馆接受爱国主义教育。"黄桥烧饼黄又黄，黄黄烧饼慰劳忙。烧饼要用热火烤，军队要靠百姓帮……"这样一曲《黄桥烧饼歌》流传至今，谱写了军爱民、民拥军的壮丽凯歌。在一次次参观博物馆的过程中，我在不知不觉间已经对这首歌耳熟能详。我对这段历史的理解，也逐渐从小时候对战争的懵懂，转变为长大后为枪林弹雨中炙热真诚的军民鱼水情而动容。在战火纷飞的年代，我们的先辈对自己的军队表现出高度的爱戴。他们积极支援战争，冒着炮火以车推、担挑、肩扛、手拎等方式把大量烧饼运送到前

黄桥烧饼

线。这样的故事，值得一代代人真切地传颂。

战争结束了，制作黄桥烧饼的工艺却没有随之没落。恰恰相反，如今的我们研发出了各式各样的黄桥烧饼——有的鲜香酥脆，有的绵软清甜。最常见的黄桥烧饼色泽金黄，香酥可口，主要原料有面粉、猪油、花生油、芝麻。所用面粉必须是中筋，强筋和弱筋不宜制作；所用芝麻必须去皮，去皮的芝麻不会改变烧饼的色泽与形状。一般有咸甜两种口味，讲究的做法是以上等肉松作为馅料。一直以来，黄桥烧饼都是本地人餐桌上的常客。如今，有很多学徒愿意到黄桥烧饼总店去专门学习黄桥烧饼的制作方法，一些大型店铺也打造了自己的黄桥烧饼产业供应链，方便顾客散称、批发、邮寄，烧饼产业越做越大。如此一来，许多不能归乡的游子也能够在外地尝到新鲜的黄桥烧饼，许多慕名已久的外地人更是因此得以尝鲜。

当我走在其他城市的道路上，发现徐州的街头、北京的护国寺小吃店里都有着"黄桥烧饼"的字样时，自豪感不禁油然而生。黄桥的这段革命历史，并没有定格成书本上冷漠的数据，而是随着黄桥烧饼的继承和推广，融入街头巷尾热腾腾的烟火气中。

新瓶装旧酒，乡村着新色

过年期间，我与家人特地去黄桥祁巷小南湖风景区赏烟花。这里在明朝时期望族众多，经济繁荣，但在近代一度陷入困境，直到当地人创业意识觉醒，开始自主创业。他们将农村打造成生态风景区，形成了集生态农业观光、采摘垂钓、体育健身、户外拓展、乡村休闲旅游、农家乐餐饮、住宿服务等为一体的现代乡村特色文化旅游点。

我与这个风景区的渊源，始于高一时的军训。那时，小南湖风景区刚刚开始开发，设施并不齐全，但已经基本具备了保障数千人衣食住行的能力。在军训的七天里，我们看到的是先进设施与荒草废土的碰撞，是刚刚入股的村民们尽心为学生营造最好的食宿环境，是尘土间零星矗立的攀岩墙和光秃秃的湖面上略显破旧的游船。

可是今年，我踏入风景区时，瞬间被眼前摩肩接踵的游人与夜空里绚烂璀璨的火树银花惊得目瞪口呆。我们刚坐上观光车，一位并不相识的老人也兴致勃勃地坐在了副驾驶的位置。在我们不解之时，他饶有兴致地向我们一一介绍景区东部的特色——葡萄园、跑马场、户外露营基地等。原来，他便是打造风景区的创始人丁雪其。虽已年逾70，他的眼神里依然充满了冲劲和热情，他看向景区的眼神仿佛望向自己一手养大的孩子。

丁雪其正在巡查景区情况

　　傍晚时分，我们坐在草地上的透明帐篷里品茶赏烟花。时间一到，万千烟火飞向空中，打铁花惊艳众人，游客欢笑沸腾。仰头看着绚丽的焰火，我不禁开始暗暗感叹小南湖这些年发展的不易。祁巷小南湖的村民们一直靠农业维持生计，从开始决定发展高效农业，到转型发展生态旅游，这中间离不开大家的努力与团结，更离不开大家坚定创新、力谋发展的决心。10年间，祁巷村建成了国家3A级小南湖风景区，创办了"兄弟姐妹"农家乐，开设了农民大舞台，"祁巷八大碗"更是成了江苏乡土名宴……村里的产业越来越红火，村民的腰包越来越鼓。

小南湖春节期间的打铁花节目

通过发展旅游产业，祁巷村实现了从"空壳村"到"小康村"的华丽蝶变。面对各地乡村旅游的同质化竞争，村民们始终怀着不断学习、坚持创新的心态，继续推动产业转型升级，实现从"乡村旅游产业"向"培训产业"的转变。如今，位于小南湖的军训基地，已经与我从前待过的地方大不相同。如今的军训基地年接待学生12万人，除了培训军训基本动作外，基地还设立了救援专区、医护专区、特战专区等多个区域，帮助学生培养更全面的军事能力。

提琴塑名片，乐声飞满城

如今你若是来黄桥走一走，会发现到处都是悠扬的音乐声。延续曾经的红色旋律，黄桥新兴的提琴产业为古镇打上了"爱乐之城"的名号。

自小学开始，小提琴便走进了我的生活。那时，学校安排所有三年级以上的学生学习小提琴，几乎每天，我们都会去音乐教室，学着如何把吱呀的锯木头声变成悠扬轻盈的旋律。那时的我们并不能完全理解音乐的魅力和意义，也不会在意学校和政府让我们免费学习提琴的良苦用心，只记得举了一个小时的胳膊多么酸痛，按弦的手指磨出了茧子。直到长大后体味到弦乐之美，我才开始明白，当时的音乐学习已经在我心里埋下一颗种子，它花了数年破土发芽。至此，我才真正明白，产业转型不仅仅需要工厂的创新和努力，还需要全民意识的苏醒与配合。随着制造提琴的工厂规模扩大，会拉小提琴的学生越来越多，"提琴之乡"的名号终于能够被名副其实地唤起。

黄桥镇与小提琴的交集源于20世纪60年代末。1968年，几个来到泰兴市溪桥镇（后并入黄桥镇）的上海提琴厂工人，在当地公社的资助下搭起了乐器作坊，为上海提琴厂配套生产五毛钱的琴头和一块钱的弓杆。现在，全镇85%以上的学生接受过音乐艺术教育，45%以上的学生接受过乐器普及教育。南京艺术学院"琴韵小镇"考级点成功设立；中央音乐学院音乐教师专业水平认证"泰州认证中心"确定落户。黄桥成了国家外贸转型升级基地（乐器），被誉为"东方的克雷蒙纳"。

黄桥镇举办"国际乐器演奏日"活动　　一群小学生在学校学习小提琴

每次回家，汽车总会经过园区的大片工厂。从前，我只能看到凤灵乐器有限公司的牌子；可现在，生产提琴及其他乐器的企业在明显增多，每次回家，我都会欣喜地发现一些新兴的公司品牌。目前，以凤灵集团为代表的黄桥提琴生产及配套企业达到220多家，每年生产各类提琴70余万把，销往全球90多个国家，约占世界总量的30%、全国总量的70%，实现年产值约24亿元。

回到家乡后，我依然能够在街头看到许多孩子背着提琴包去上课；家乡的公众号里，时不时发布各大音乐赛事的消息；漫步在小镇的湖边，音乐喷泉一飞冲天，循环着《梁祝》的曲调。置身于"爱乐之城"，实在是一大幸事。

窗外的春雷渐渐平息，我的思绪也被逐渐拉回现实。甲辰龙年的第一个月，带给我的是数年不见的亲朋唠家常，是万人共赏的烟花秀，是比前几年浓厚的年味，更是在年味中意外发现的家乡变化带来的惊喜。这样一座历史悠久的城镇，认识得越久，它便越年轻；距离越远，便越爱它一分。欢迎大家来我的家乡黄桥，感受与众不同的江淮风光。最后，祝大家龙年大吉，平安喜乐！

2022级国际新闻与传播专业本科生

李灵兮

2024年2月23日

书于江苏省黄桥镇家中

忍冬信札2024：遇见家乡的中国式现代化

不负青山　方得金山

亲爱的老师们、同学们：

　　顺颂时祺，敬请春安。

　　我来自栖霞，一个隶属于山东省烟台市的县级市，因"日晓辄有丹霞流宕，照耀城头霞光万道"而得名。栖霞位于胶东半岛中心，地处丘陵山区，境内群山起伏，峰峦重叠，有大小山峰2500余座，素有"胶东屋脊"之称。

　　近年来，栖霞市深入实施"生态+"战略，重视气候资源开发利用和保护，着力发展生态经济，全年"蓝天白云、繁星闪烁"的天数达到315天，森林覆盖率达到70%，2024年1月，被中国气象局评为"中国气候宜居城市"之一。每次回到家乡，我都能感受到人与自然的和谐相生。这里没有都市的高楼大厦和灯红酒绿，最不缺的就是秀气灵动的小山与纯粹自然的蓝天。饭后，我常和家人一起爬山遛弯，在清新草木间漫无目的地行走，感受树木的清香安宁，偶尔还能与野生动物来一场邂逅，走累了，拍拍石阶上的尘土就可坐下休息。山中的声音是有层次的，从近在咫尺的虫鸣、潺潺的流水到悠扬的鸟叫，从山间的风声再到山脚下的车鸣，山中有城，城中有山，人山相依，一片和谐共生的景象。入夜，天空中群星闪烁，让人心旷神怡。在这片星空下，一切都是那么宁静祥和，人群的喧嚣和嘈杂随着天光一并收敛了。

　　除了自然风光，栖霞还拥有丰富的文化旅游资源——英灵山的红色文化、太虚宫的道教文化等。其中，牟氏庄园作为中国北方规模最大的地主庄园吸引着许多游客，其内部有着保存完好的寝楼、账房、宗祠、戏台等建筑，生动地反映了以胶东半岛为代表的中国北方农业生产、衣食住行等古老民俗。正值新年，我最想给大家介绍的特色民俗，当属胶东花饽饽，这是胶东农家妇女根据民俗节日和生活习惯创造的一种面点手工艺。在栖霞的春节，花饽饽必会被端上餐桌、礼堂，传递着祝福与人们对新年美好的愿望。最著名的是结婚饽饽，因其尺寸与铜盆口径相仿，且做好后常以铜盆承载送至新郎家，故又名"铜盆饽饽"。铜盆饽饽一般以莲花瓣为底座，上面精塑龙凤（龙凤呈祥）、金鱼（金玉满堂）、鸳鸯（比翼双飞）等民俗元素，色彩鲜艳明丽，造型栩栩如生。如今，在传承和发扬传统文化的号召下，花饽饽成为山东省级非

栖霞龙凤呈祥铜盆饽饽

物质文化遗产，被传承人推广到了全国，成了响当当的中式面点品牌。

　　家乡最著名的特产，当属栖霞苹果。曾几何时，栖霞虽享有"苹果之都"的美誉，但果农过不上好日子，村庄大多存在"老年人在家务农，年轻人外出务工"的状况，2018年，栖霞被评为国家级贫困县。市级贫困村肖家夼村村民林日旭今年55岁，是一名土生土长的果农，他儿子在外地上班。他的果园在离家大约两千米的山腰处，每次来回须扛着农具走一小时山路，农忙时，他和老伴天不亮就带着饭上山干活，中午草草吃上几口饭就继续劳作，直到天快黑了才回家，这也是栖霞果农生活的真实写照。上了年纪的果农们越发难以承担繁重的劳作，越来越多的果园被荒弃。同时，缺乏稳定销路也一直是困扰村民的问题。果农一家一户分散经营，难

以实现规模化的商业合作，收购商手握定价优势，往往极力压价。过去，林日旭每年秋收都要跑好几个收购站比价，但价格都是堪堪回本而已，果农们紧锁的眉头掩盖了秋收的喜悦。

肖家峁村村民从果园下山的路

为了保障老年果农不因老致贫，也为了将小城的苹果更好地卖出去，新型农业生产合作社作为扶贫工作的重要一环应运而生，肖家峁村也成立了果蔬专业合作社。合作社一方面向老年果农征集被荒弃的土地，一方面招募村里的青壮年成立种植团队，年底按照土地面积和劳动贡献给社员分红。经过专业培训和认真学习，种植团队开春剪树枝刮树皮，五月疏花疏果，六月套袋，九月摘袋上色，十月集中采摘，他们全身心的投入逐渐赢得了村里老果农的认可："种得比我们还好哩！"同时，团队中很多人家中都有土地在合作社里，在分红机制的激励下，做好社里的就是做好自己的，光鲜的优质苹果按照尺寸卖出去，少量磕碰和磨损的苹果分给社员，每颗苹果都能充分发挥价值。

此外，为了将苹果卖一个好价钱，合作社跳过赚差价的中间商，自己打开销路。村支书王鹏绩带领合作社成员一方面严把质量关，精心选

上色中的苹果树

品，一方面积极参加各地的果品展销会"露脸"，烟台、青岛、合肥、厦门……他们一步一个脚印地打造着自己的绿色品牌，栖霞"逍駕夼"苹果的名气响亮了起来，最终成功与中国石油达成合作，在全省千余座加油站设立了苹果销售点，四年来累计销售苹果120万斤，村民的收入不断攀升。越来越多的果农自发将土地交给合作社，合作社管理的果园总面积已超千亩，同时，年轻人也开始选择留在村里，致富的新鲜血液正在重新流回乡村。下一步，肖家夼合作社准备向有机苹果、品牌建设和电子商务等领域进军。

肖家夼村的故事只是栖霞苹果种植业发展的一个缩影，近年来，伴随乡村振兴的号角吹响，栖霞市对老龄低效果园进行大规模改造，提高了果园的产出效率和果品的质量，大幅提升了当地果品的市场竞争力。自2021年开始，栖霞市累计改造老龄低效果园50.2万亩，高标准打造示范园12万亩。目前，全市拥有农业产业化市级以上重点龙头企业39家，其中果品深加工企业21家，年加工能力60万吨以上；果品冷风库、气调库630多座，年贮藏能力100万吨。栖霞市不仅解决了村民的贫困问题，还创建了省级旅游强镇、示范点、精品采摘园、开心农场、星级农家乐等，逐渐构建起以苹果产业为核心，二、三产业交叉融合的多元化、复合型现代农业体系。

不负青山，方得金山。从生态小城到苹果致富，栖霞正在中国式现代化的发展浪潮中开花结果、稳步向前。中国式现代化不仅是带领人民过上富足生活的现代化，也是生态保护和民生保障相互促进的现代化。在党和国家的领导下，栖霞坚持全域生态优先，以现代生态果业放大优势，打造高质量发展、快速度发展的现代化绿色发展之路。相信未来，家乡会蓝天永驻，幸福长存。期待老师们、同学们来我的家乡栖霞做客，身临其境地感受小城的安宁祥和。

新的一年，愿山河无恙，人间皆安，新年胜旧年！

2022级广播电视学硕士研究生

张竞

2024年2月23日

书于山东栖霞家中

山海作答新画卷 奋楫笃行新征程

亲爱的老师们、同学们：

快雪时晴，佳想安善。

恰逢元宵佳节，月圆向吉，花开见喜。祝愿大家元宵喜乐，春祺夏安，秋绥冬禧，事事圆满！

立春过后，我的家乡漳州走出严寒的冬天，迎来了阳光温暖、微风和煦的春日。相别半载，我在外求学成长，故乡也在中国式现代化的历程中完成阶段性蜕变。2023年，在流量明星宣传、城市转型升级等多方加持下，漳州的知名度显著提升。或许信纸前的你曾在演员毛晓彤的宣传下，体验漳州古城的闽南古早风情；也曾在中国女排精神的熏陶下，游览中国女排训练基地；还曾在乡村振兴的相关展会上，品尝过来自漳州的丰饶特产……家乡的发展日新月异，令我倍感自豪，很高兴能借此机会与大家分享漳州的成长故事。

烟火可亲，文化相承

回到漳州的第一天，我就迫不及待地来到漳州古城。这里的院落大厝自唐宋传承，汇集五脚距、竹篙厝、胭脂砖、燕尾脊多重建筑元素。台湾路和香港路上，"八宝印泥""布袋木偶戏""芗剧""锦歌"等7项国家级非遗项目荟萃一堂，独特的"枕三台、襟两河"自然风貌和"九街十三巷"街道格局，描绘出漳州深厚的历史文脉。

在漳州古城保护建设项目的推进下，漳州古城在历史传承的基础上焕发新颜，荣获"联合国教科文组织亚太地区文化遗产保护项目荣誉奖""中国历史文化名街"等奖项。"老街情、慢生活、闽南味、民国风、台侨缘"成为漳州古城的核心魅力。

值得一提的是，政府在推进漳州古城文物保护的同时，还重视古城的人情味，至今仍有一万多名古城老住户在古城安居乐业，陈阿伯、沈婆婆等熟悉的身影营造出古城最动人的温馨风情，成为连接漳州人与古城最鲜活的人文纽带。久别重逢，沈婆婆热情地邀我去她改造后的老宅参观。她告诉我，古城保护项目组专门收购和储备拆迁古厝的旧料，运用闽南传统的建筑材料来修缮旧建筑。"我的家变新了，但还和原来的感觉一样。"沈婆婆开心地说。在许多与沈婆婆一样的老居民家里，新的胭脂砖替代破损的砖瓦填充进红墙中，不变的古朴风味得以长存。

告别沈婆婆一家，我走在漳州古城的石板路上，蚵仔煎、卤面、生烫、沙茶面等美味佳肴香飘十里，店铺老板和游客谈笑风生，古城原住民走街串巷、快活自在……这一幕幕动人画面交织出鲜活质朴的闽南生活，将漳州城的风土人情娓娓道来。

漳州古城

随着时代的发展，新的气息飘入古城的大街小巷。2023年，漳州文旅直播中心正式入驻古城。逢年过节，漳州的网红大V云集古城，精彩绝伦的演出令人目不暇接，为游客和市民带来视觉盛宴。多场"全闽乐购·漳州产全球销"等购物活动将文化与经济深度融合，叫响漳州特色，为漳州经济发展深度赋能。

体育铸魂，精神永存

如果说漳州古城是古代漳州精神文化的象征，那中国女排三连冠纪念碑就承载着现代漳州的精神文化。从北京回家的路上，我再一次路过中国女排三连冠纪念碑，挺拔矗立的女排铜像背后，是摹画女排刻苦训练景象的壁画。当代楹联家林承强曾为这座纪念碑写下一副楹联："女排巾帼，虎跃龙腾，群星画卷添春色；中华健儿，莺飞燕舞，一代风流壮国威。"

中国女排三连冠纪念碑

漳州是中国女排最早的训练地，被亲切地称为中国女排的"娘家"。在中国女排发展初期，无论是国家队还是省队的队员，都集中在漳州训练。郎平、陈亚琼、周晓兰等中国女排名将从漳州训练基地走向了世界舞台。中国女排用汗水和拼搏，赢来了无数鲜花和奖杯。这座纪念碑历经三十余载，早已成为新时代漳州人的精神坐标。

中国女排的故事陪伴着我成长至今。我就读的小学——漳州市实验小学就在女排训练基地附近。在小学三年级的春游实践活动中，我和我的同学们来到女排训练基地，聆听训练基地的工作人员讲述中国女排的集训往事。工作人员告诉我们，在女排训练基地正式建成之前，是"排球司令"

于克钊组织群众用本地的竹竿、三合土搭建成一座竹棚屋作为女排训练场。在日复一日、条件艰苦的训练之中，中国女排诞生了"滚上一身泥，磨去几层皮，苦练技战术，立志攀高峰"的"竹棚精神"，成为女排精神中独特的漳州印记。

2001年，时任福建省省长习近平到漳州看望中国女排时，对中国女排新训练馆提出了"建就要按高标准来建，场地的长宽高，包括灯光设施，一定要符合国际比赛水准"的新要求。2004年，在新训练基地投入使用后，中国女排在雅典奥运会上时隔20年重夺冠军，"女排精神"重放光芒，震撼世界。

岁月留芳，精神永存。时至今日，女排精神早已深深融入漳州人民"爱拼才会赢"的信念之中。2023年是中国女排首次入漳集训暨漳州体育训练基地创建50周年，福建省体育局，漳州市委、市政府，中国排球协会在漳州举办了弘扬女排精神座谈会等系列活动，进一步宣传和弘扬女排精神，致力于将中国女排训练基地打造成"中国女排精神展示地""体育旅游观光目的地"，使其成为漳州文化体育融合发展中心区，构筑体育强国建设精神之基。

中国女排腾飞馆

产业驱动，乡村自治

漳州见证了中国女排发展的全过程，也将中国女排"顽强战斗、勇敢拼搏"的精神烙印在漳州乡村振兴的轨道上。

艰难困苦，玉汝于成。过去一年，漳州充分发挥乡村振兴的压舱石作用，加快打造具有漳州特色的乡村振兴样板，以乡村振兴"十镇百村"行动为抓手，带动全市"百镇千村"全面振兴。2023年，漳州将13个乡镇列为乡村振兴重点乡镇、将132个村列为重点村，累计建设农业优新品种基地458个，新增2个国家级农业企业重点实验室，还荣获了"中国鲍鱼种苗之都""中国蛤类种苗之都"等称号。

作为土生土长的漳州人，我有幸见证了漳州乡村的发展，也享受到了不断提升的物质生活条件。在政府的指导下，我的老家西洋坪村的村委和村民们展开了"拆旧、拓新、整漂亮"和"清沟、扫地、摆整齐"乡村共建共美行动。水质浑浊、散发恶臭的村口小溪得到治理，如今清澈见底。在政府规范和村民两治下，村民们对自家的猪圈和鸡鸭窝进行卫生整改，维护了乡村道路的干净清洁。佛教文化、闽南文化等特色产业成为老家乡村的重要经费来源，为村里的老年人提供了多重养老福利。每月月初、月末，我的爷爷奶奶都能领到村里发的钱、米、油等养老补助，享受到村镇卫生所的健康体检。村里庵庙的广场，时不时就有打扮靓丽的村民在纵情歌唱舞蹈，在欢乐下棋，描绘出乡村振兴的美丽画卷。

漳州市芗城区西洋坪村

2023年，漳州始终走在中国式现代化的大路上，不断推进物质文明和精神文明相协调的现代化，促进城市发展能级提升，在加快推进现代化滨海城市建设的雄关漫道上理想坚定、步履坚实。每个漳州人都能在日益美满的生活里，切身感知中国式现代化的时代脉搏和发展红利。我也真诚地邀请正在看这封信的你来到漳州，见证这里的发展历程，畅游青山绿水，阅览无边风光！

新的一年，愿神州大地海晏河清，祖国繁荣昌盛、欣欣向荣！愿你我都能在中国式现代化的道路上踔厉奋发，觅得心之所向！

2022级国际新闻与传播专业本科生

吴欣妍

2024年2月24日

书于漳州家中

于千年盐湖，看家乡现代化

亲爱的老师们、同学们：

展信佳，见字如晤。

月圆向吉，花开向喜。新年的第一轮圆月，也是一年美好的开端。祝人圆事圆花好月圆，团团圆圆圆圆满满！

提及山西，人们想起的是老陈醋的"酸"；说起运城，人们想起的则是广袤盐田赋予的"咸"。运城古称"河东"，因"盐运之城"而得名，是中华文明的重要发祥地之一。作为一座资源型湖泊，运城盐湖形成于新生代第四纪，是世界三大硫酸钠内陆盐湖之一。4600多年前，人们在这里晒盐、运往各方，盐运之城"运城"之名便因此而生。

每年回家，我都会去运城的盐湖边散步，因为盐湖是运城发展的根基，直到现在，盐湖依旧源源不断地为运城的发展提供着前行的能量。

2023年5月，习近平总书记在运城盐湖考察时指出，盐湖的生态价值和功能越来越重要，要统筹做好保护利用工作，让盐湖独特的人文历史资源和生态资源一代代传承下去，逐步恢复其生态功能，更好地保护其历史文化价值。

今年春节，我再次来到盐湖，发现这里不管是生态功能的恢复、历史文化的保护，还是文旅融合的利用，都正发生着趋势性、标志性、"新质性"的变化。

忍冬信札2024：遇见家乡的中国式现代化

从"用盐"到"看湖"，千年盐湖的生态转型

冬日盐湖，暖阳高照。我来到盐湖的观景平台散步，在郭沫若题写"盐池"二字的巨石前，有进行网络直播的年轻人、悠闲散步的中年人和跳着广场舞的老年人，笑意写在他们的脸上，真是惬意。浩渺的水面之上，成群结队的水鸟游弋嬉戏，不远处的除险加固、生态修复工程正有条不紊地施工。近年来，运城市政府以不破坏畦堤功能、不减损动植物食物链条为前提，科学做好堤埝除险加固、生态修复等工作，逐步恢复盐湖的生态功能。

曾经，由于过度开采，环境污染，盐湖一度在呜咽。20世纪80年代，盐湖逐步停止生产食用盐，转向开发芒硝、无水硫酸钠等化工产品。在父母的记忆中，儿时盐湖周边有许多盐化老厂，冬天的时候能看到密密麻麻的人在盐湖滩上产硝，湖面像雪地一样白茫茫的，像一个工业生产基地。

2020年9月，按照"生态优先、保护为主、适度开发"的原则，运城市全面停止盐湖范围内的工业生产活动，加快推进工业企业"退盐还湖"等工作。同时，政府借鉴"千万工程"经验做法，贯彻"绿水青山就是金山银山"理念，因地制宜，加大盐湖周边环境整治力度。

如今，盐湖湖面波光粼粼，坡堤芳草萋萋，鸟类嬉戏翔集，堤埝平整如新……逐渐被"唤醒"的盐湖，已然呈现"水清、堤固、岸绿、鸟翔、景美"的优美画卷。

从"传承"到"创新"，千年盐运文化注入新内涵

行走在盐湖岸畔，一座新落成的河东池盐博物馆吸引了我的注意。一走进博物馆，序厅里金碧辉煌的巨幅"盬"字引人注目，"盬"是什么意思呢？正当我疑惑的时候，旁边一名游客发现了序厅里的说明："盬，是为盐湖量身定制的专有名词，出自《说文解字》。此字由中条山、黄河主题浮雕环抱，地面为盐池的鸟瞰地景……"紧接着，我参观了瑞盐天成、

盐务专城、盐化时代、知盐学堂等展厅，在以"盐文化"为核心的文物、雕塑中间，感受运城5000年的盐文化。

在参观过程中，导游提到去年10月运城举办了"'让文物活起来'优秀传统文化'五进'"活动，选取了十几件代表盐湖文化的特色盐池矿藏，依托盐湖文化进行漫画创作，并将优秀画作在社区、学校、企业、乡镇中展出，取得了良好的反响。

近年来，"文物活化"是博物馆工作的重要方针。2022年国博创建110周年之际，习近平总书记指出，要推动文物活化利用，推进文明交流互鉴，守护好、传承好、展示好中华文明优秀成果。正是因为国家在文物保护、文化遗产保护等方面的支持力度不断加大，盐湖的盐文化发展才能走上快车道、进入新阶段。

对于我们青年一代来说，"五进"活动不仅让藏在博物馆里的文物"活"起来，更让我们有机会直观地感受到流转千年的盐湖光彩，激发我们主动了解历史、传承精神的兴趣。未来，盐湖青年要努力把盐湖打造成为贯彻落实习近平新时代中国特色社会主义思想的"典范之湖"，努力建设池盐博物馆，使之成为人们了解河东千年盐文化的重要窗口。

从"一池雪"到"七彩光"，千年盐湖焕发新生机

盐湖中绽放的硝花形态多样，有的像松针，有的像珊瑚，洁白晶莹，在夕阳的映射下，闪着耀眼的光芒，让我不禁为之驻足。盐湖夏天产盐、冬天产硝，硝花似雪，诗句"千古中条一池雪"，描绘的就是冬日盐湖的美景。

而我更喜欢夏天的盐湖，七八月份的盐湖色彩更加亮丽，站在高处远远望去，红似绸缎，碧如翡翠……一望无垠的盐湖就像是大地上的一块调色板。这是由于湖中钾、钠等成分浓度不同，加上盐藻、卤虫的繁殖，在高温和强光作用下，就形成了"七彩盐湖"的奇观。许多摄影爱好者对"七彩盐湖"情有独钟，大大提高了"七彩盐湖"的曝光度。短视频平台上，盐湖

相关视频累计已获得千万点赞，吸粉无数。如今，各地大力发展特色文旅产业，运城在习近平总书记关于盐湖保护利用的重要指示精神的引领下，加强盐湖基础设施建设，致力于推动盐湖文旅高质量发展。

如今，盐湖周边村庄泥泞的土路被改造成了干净整洁的绿道，还有不少村民开起了农家乐、饭店、采摘园，吸引游客驻足。在盐湖人民和运城市政府的共同努力下，盐湖文旅取得了不错的成绩。有关部门的数据显示，2023年春节和"五一"期间，有70多万游客来盐湖观光游览，旅游综合收入超过1800万元。

盐湖是运城独特的城市符号和精神标识。作为盐湖儿女，我们将始终牢记习近平总书记的殷殷嘱托，坚持保护优先、绿色发展，勇担职责使命，奋力谱写中国式现代化建设的盐湖篇章，让盐湖的生态价值和历史文化价值在新时代得到充分彰显。

千年盐湖，加速蝶变。一个山水相映、城水相合、人水相亲、文旅相融的新盐湖，渐行渐近。

最后，再次祝愿老师们和同学们元宵节快乐！

2021级编辑出版学（新媒体方向）专业本科生

侯卓颖

2024年2月24日

书于山西省运城市家中

2024.2.25
第五十一封信

傩舞祈丰收　古镇焕新颜

亲爱的老师们、同学们：

见字如晤。

东风解冻，丽日舒和。我坐在熟悉的书桌前，耳畔是家乡春节喧闹的欢庆余韵，抬头却惊觉寒假已悄然步入尾声。我们就要在冰雪消融、春暖花开的校园里重逢，也将与踏入春日的家乡挥手告别。

在即将乘上驶往北国的列车时，我回望南国的家乡。那是一座默默无闻的"十八线"小县城，就连它所属的地级市南平，似乎也太过无名。我总是执着地向人介绍："我来自福建邵武。"但面对旁人茫然的神情时，又只好补充上"在闽北""离武夷山一小时车程"等诸多前缀。对那一刻的我而言，家乡是一个注定无法割舍却莫名难以启齿的"符号"，带给我五味杂陈的遐思。

在老一辈人的口中，邵武却并不是一个平庸的小城。它是曾经的福建八府之一，是红色革命老区，是过去闽赣交界处的重要交通枢纽，还有着丰富的矿产资源。可时代的潮流太过猛烈，大浪淘沙之下，这座拥有"铁城"称号的工业化小城追不上时代的嬗变，曾引以为傲的绿皮火车也被动车、高铁、飞机等"钢铁巨兽"甩在身后。于是，这座小城在群山环绕间越发沉默，直至无人问津。

我早已习惯了家乡"鲜为人知"的一面，但在我上大学后，樱花悄然开遍了大埠岗的荒山，向日葵在福山后的野地里面向朝阳；相识的师妹转来一个视频，我才知道从小吃到大的脚跟糕出现在了美食纪录片中；同院的师弟来邵武调研，我才发现"竹立方"已成为中国邵武的一张名片。在我在外求学的日子里，我的家乡正铆足了劲儿，一点点跟上中国式现代化日新月异的脚步。从绿水青山到生态文明，邵武正用实际行动书写着"邵武是个好地方"的宏伟蓝图。

在我的家乡，短短几年，现代化的故事已太过繁多，寥寥几笔难以叙尽。今日，我却想说说在家乡现代化浪潮下，那些古老的坚守。它关乎一张面具的传承，更关乎一座千年古镇的昨日与明天。

天赋禾坪　千年和平

这是一座具有悠久历史和丰厚文化底蕴的千年古镇。

这里有星罗棋布的文物古迹，有"全国罕见的城堡式大村镇"，有600多米长的保留完整的古街，有百年戏楼和书院。这里是中国"进士之乡"，是"黄峭文化"的发源地，是曾经从赣入闽的第一大镇，这便是和平古镇。

和平古镇南门谯楼

和平古镇是一颗耀眼的明珠，从不可追的昨日璀璨到今天；是一曲悠扬的山歌，从1700多年前被人传唱至今。

邵武的孩子，很少有没去过和平古镇的。无论是课外实践活动，还是春节时和亲朋一起踏青，这座古镇总是个不错的目的地。

儿时的记忆里，古镇是名副其实的"古"镇。古街虽保存完好，却显得破败；庵庙官观落满灰尘，墙角的蛛网昭示着这里的人迹罕至。似乎只有每年

儿时的古街

特定的几天，人们从城区热热闹闹地涌进这座古镇，走流程般在几处古迹旁打卡拍照，再去豆神豆腐坊来块"游浆豆腐"，这一年的和平游KPI就算完成了。大多时候，古镇显得萧条落寞，百年戏楼的大门始终紧闭。

约莫是2022年暑假，因着一份课程作业，我又造访了这座熟悉的古镇。听闻这里的戏楼不再大门紧闭，国家级非物质文化遗产、舞蹈界的"活化石"邵武傩舞也被搬上了戏台。

阳光下的古街

喜庆的民乐吹打声起，身着黄上衣、蓝衬裤的舞者渐次登台。他们头戴巨大的木质傩舞面具，脑后垂着艳红的绸布，手持缀着暗红绸带的木棍，在千年戏台上，和着越来越热烈的乐声，挥舞着木棍，庆贺着风调雨顺。

傩舞表演

一舞罢了，舞者回到台下休息。他们摘下厚重的面具，将爬了皱纹的脸庞晾在阳光下，弯腰轻轻捶着大腿。只是喝一瓶水的喘息时间，他们又扮上角，走出门外，在有着千年历史的古街上游街。戴着唐僧师徒四人面具的舞者走在后头，在开路神和弥勒的带领下，扛着布幡，敲锣打鼓，走街串巷，把丰收的讯息播撒到每一户人家。

自邵武开启文旅新篇章，这群上了年纪的舞者在每一个午间，不畏寒暑，在千年古镇里上演着同一幕祈丰收的《跳八蛮》。

一张面具　一份传承

今年春节，和平古镇举办了盛大的新春游园活动。镇上满是龙年的装饰，春日的暖阳洒在古街上，融成喜庆的惬意。

我再次来到古镇，走进和平戏楼。熟悉的音乐响起，舞者们鱼贯入场。阳光下，他们步伐矫健，昂扬奋发。领头的舞者手持木棍，挥洒自如。

表演结束，舞者回到后台休息。路过后台时，我才发觉，这次的舞者几乎都是年轻人，似乎和我一般年岁。2022年来时，舞者分明都是老人家，不过短短一年半，居然就换上了新鲜血液。好奇心驱使我上前和他们攀谈起来。青年们似乎有些讶异我的注目，羞涩地应和几句，便一哄而散，跑向下一个表演的目的地。

正当我有些不知所措时，一旁的主管阿姨走上前，乐呵呵地和我聊起来。从她口中我才知道，去年在政府的大力宣传和扶持下，越来越多的人加入了传承傩舞的行列。邵武周边的一些小学将傩舞编成课间操，学生即使无法精通，却也在尝试学会傩舞的一些基本招式。去年年底，和平傩舞队也招募了一批新人，让傩舞表演更有朝气。

如今，更多的年轻面孔出现在和平戏楼的古老戏台上。他们有邵武本地的青年，有周边艺术院校的学子。有时，假期返乡研学的学子也会走进戏楼，戴上一张木质面具，跟着老师傅学几个招式，体验傩舞文化。

我记起2022年的暑假，傩舞队里老师傅的叹息："咱们和平傩舞队的，都是跟我一样岁数的老人家了……就我们这几把老骨头顶着。老了啊！都老了啊……"

主管阿姨从屋里拿出领头青年戴过的红色面具，我仔细端详着，心思却飘远了。

现代化如一江春水，无法阻挡地流淌过家乡。可和平这座千年古镇却经住了冲刷，带着非遗傩舞，带着那一张张几经破裂又填上新漆的木质面具，代代相传，历久弥新。

坐在邵武这方天地间，我再一次凝望这座生养我的县城。这里富屯溪清，天成峡美；绿竹苍翠，灵性俊秀。在现代化的今天，非遗傩舞仍在祈丰收，千年古镇却已焕发了新颜。这是我的家乡，她经历了工业"蝶变"、文旅"质变"、乡村"蜕变"、发展"量变"。在我即将启程返京之时，家乡是我融于血脉、心向往之的归属。也许，在下一个长风扇暑的假期，大家可将这座闽赣交界处的小城纳入旅游目的地，来千年古镇逛逛，看看我的家乡是否又有了新变化。

盼与君相见，顺颂时祺。

2021级国际新闻与传播专业本科生
詹岳
2024年2月25日
书于福建邵武家中

忍冬信札2024：遇见家乡的中国式现代化

春风十里长　筑梦造故乡

亲爱的老师们、同学们：

展信佳！

恰春风几许吹走寒意，你我又将踏上回京之途，不知各位在寒假过得可好？时间最是奇妙，离家一学期，算来不过四月有余，千里之外每逢思乡便觉漫长，而当我寒假归乡，却忽觉时间之快：不知不觉中，我生于斯长于斯的地方变得焕然一新，在现代化的道路上阔步迈进。

贵州，这个地处云贵高原的省份，曾因地势险峻、天气阴沉多雨等"先天不足"，而在发展上落后于人，被戏谑地冠上"天无三日晴，地无三里平，人无三分银"的称呼。可贵州人民天生便有不畏艰险、厚积薄发的精神，正如苏轼所言："博观而约取，厚积而薄发。"近年来，中国式现代化的春风吹进了被群山阻隔的西南地区，吹起了贵州政府大刀阔斧推动家乡现代化的决心，更吹向了贵州人民：吹走了贫困，迎来了全面脱贫攻坚，政府人员下基层、汇民心，建美丽乡村，换黎民之乐；吹来了远客，迎来了贵州文旅产业大振兴，将弱势转优势，化喀斯特地貌的缺陷为大自然的鬼斧神工，将城市小街巷变为窥贵州民风的"网红打卡点"；吹绿了山水，又吹出了奇迹，把穷山恶水变绿水青山，更拿春山好景换金山银山；吹出了条条大道，县县通高速，天堑变通途，贵州哪怕"地无三里平"，也能拼来"桥梁博物馆"的美名。

而我的家乡贵阳，便坐落于贵州省中部，作为省会城市，引领着贵州的发展。假期，我偶然在网络上刷到一个以"你还记得贵阳2012年的样子吗？"为标题的视频，这条视频记录了我当年的上学路，也记录了贵阳市中心12年的变化。因此，此番返乡，我不再沉溺于关门闭户的生活，而是邀约三五好友走出家门，重温这个养育了我18年的地方。当我走在贵阳的街巷里，当我重新打量我的家乡，我惊奇地发现，在我匆匆忙忙埋头穿梭在街巷，不知不觉地成长的时光里，贵阳同样悄悄成长着，时至今日焕然一新，从那个记忆里的小城长成了现代化都市。

交通，是贵阳最大的痛点。由于地势和喀斯特地貌的原因，贵阳人练就了爬坡过坎的本领。拥挤的车道、起伏又曲折的人行道，以及拥堵的早晚高峰，汇成了贵阳过去的交通场景。交通作为基础建设，对于起起伏伏的贵阳来说，投入高而见效慢。然而，贵阳市政府贯彻"想要富，先修路"的理念，哪怕勒紧裤腰带，也要咬牙解决这个制约贵阳发展的顽疾，如火如荼地修建快速轨道交通（BRT）、地铁。在我儿时的记忆中，奶奶家就位于贵阳市郊的棚户区，那儿的道路不仅狭窄，还泥泞不堪。我小时顽皮，每每去奶奶家，都会在路上被溅一身泥。后来，突然有一天，妈妈告诉我，奶奶家要拆迁了，政府要在这里修高楼大厦，修大路，修BRT和地铁。听到这些话，我惊喜万分，可小孩的心最是急，我赶忙问妈妈："要修多久呢？"妈妈只是笑着摸摸我的头说："会花很长时间的，因为很难。但我们会迎难而上。"看着我懵懵懂懂的眼神，她告诉我："可能等你读大学的时候，一切都会像变魔术一样修好哦！"

当时的我，总感觉时间漫长，小学的我也不敢想读大学的时候。可随着时间的流逝，家门口发生了翻天覆地的巨变，没等到读大学，我就已经看到了繁华的街道——早在2017年，贵阳便建成了全国第三条BRT，之后的日子，贵阳只争朝夕，在极短的时间内，完成了市区基本覆盖地铁的壮举。在我放假前夕，恰逢贵阳地铁三号线运行。这是我第一次乘坐家门口的地铁，体验着新地铁飞驰的速度，看着市民有序出行的身影，感受着地铁站商圈的热闹非凡，心中一股自豪与感动油然而生：过去，我去过很多城市，曾用艳羡的眼光打量着它们的地铁，也曾期待过家门口因修地铁而立起的蓝铁皮被拆除的一日；如今，我坐在飞驰的地铁上，贵阳的各个地方变得触手可及。街道上，车道不复以前的拥挤，机动车、非机动车与行人各得其所，曾经略旧的道路铺上了新的柏油，路两边的绿树已经枝繁叶茂。市民出行的方式多了，幸福指数也提高了。

贵阳的现代化让我意识到，中国式现代化是无畏的：路纵险，迎难而上便可达；天虽高，敢与天公试比高。只有敢于面对顽疾，快准狠地将其消灭，才能驶向康庄大道。

除此以外，贵阳在驶向现代化道路时，也巧妙地把过去的城市特色、民风民俗结合了起来，而非弃甲丢盔。寒假有一日，我和我的朋友们去新修的青云市集散步。这里过去是一个农贸市场，道路及周围门面破旧，地面脏污。现如今，我刚步入市集，便被大路两旁有序布置的年货摊位吸引了眼球。市民们来来往往，为新春添置着年货。摊位上，腊肉、香肠等特色美食香气四溢，讲价声也此起彼伏。循着热闹的声音走进集市，便是几条颇具文艺气息的小道。各色店铺一家接一家：有卖贵州苗家刺绣工艺品的小店，也有西方特色的中古店，更有复刻了20世纪80年代贵阳人生活的杂货店。夜幕降临，我漫步在这条热闹而温馨的街上，看着街边的路灯和灯笼亮起，记忆中破旧的青云路和现在繁华的青云市集逐渐合在了一起。我发现，贵阳并没有一味剔除老旧，而是变旧为宝，在保留原有民风民俗的基础上化腐朽为神奇。贵阳还有很多类似青云市集的地方，在短短几年间，都有了翻天覆地的变化。然而，当我重新走在记忆中的小路上，当我再次抚摸这一砖一瓦，我惊奇地发现：原来记忆中的民风民俗仍保留着，哪怕是孩提时的小店，也以焕然一新的面孔安然坐落在新修的街巷一角，等待着与你重逢。

贵阳的现代化让我意识到，中国式现代化是浪漫的：人民对美好生活的向往，或许不只是条条大路和商铺遍地，记忆深处的街角更给人以归属感和满足感。这些老城区、老街道，是人间烟火香，百姓追忆长。在建设现代化时，不能一味为了追求经济效益而摒弃属于一代代贵阳人的美好回忆，而是在保留的基础上改造，用温和的方式谱写人民与现代化的纸短情长。

能够见证家乡发展，我何其有幸。每个人有每个人的家乡，它们像星星一般散布在中国大地上，但当每一个家乡都实现现代化的梦想，终将汇聚成中国的现代化。恰今朝，河清海晏，盛世太平，愿现代化不再是梦，而是在一代代人的努力中得以实现。习近平总书记曾嘱托青年："青年强则国家强。"如今，我辈青年生逢其时，施展才干的舞台无比广阔，实现梦想的前景无限光明。愿你我迎春花而喜，迎冬雪而不惧，树鸿鹄志，怀理想心，怀揣新一代传媒人的使命，写好家乡现代化故事，走好中国式现代化的伟大征程，在时代洪流里"浪遏飞舟"。

春光贻荡，万物生长。恰逢开学，在即将回到校园，用汗水耕耘青春年华之时，我衷心祝愿大家都能在金秋收获成功的硕果，不负青春，不负家乡养育，用青春的力量反哺家乡的现代化发展。

书不尽意，诸不具陈。在书信末尾，我唯愿我的家乡贵阳，以及华夏阔土内的每个人的家乡，都能乘着这股春风，吹响现代化号角，怀揣希望与勇气向未来迈进、向幸福挥手。也祝愿中国人民能共享现代化成果，平安喜乐，共铸新辉煌！

2023级网络与新媒体专业本科生
代欣璇
2024年2月25日
书于贵阳家中

图书在版编目（CIP）数据

忍冬信札 2024：遇见家乡的中国式现代化 / 郑志亮主编；戎融副主编. -- 北京：中国传媒大学出版社，2024.6.

ISBN 978-7-5657-3671-1

Ⅰ . D61；I267.5

中国国家版本馆 CIP 数据核字第 2024AA7886 号

忍冬信札 2024：遇见家乡的中国式现代化
RENDONG XINZHA 2024:YUJIAN JIAXIANG DE ZHONGGUOSHI XIANDAIHUA

主　　编	郑志亮
副 主 编	戎　融
责任编辑	于水莲　沈悦　温晓芳
封面设计	拓美设计
责任印制	李志鹏
出版发行	中国传媒大学出版社
社　　址	北京市朝阳区定福庄东街 1 号　　邮　　编　100024
电　　话	86-10-65450528　65450532　　传　　真　65779405
网　　址	http://cucp.cuc.edu.cn
经　　销	全国新华书店
印　　刷	唐山玺诚印务有限公司
开　　本	710mm × 1000mm　　1/16
印　　张	17.25
字　　数	260 千字
版　　次	2024 年 7 月第 1 版
印　　次	2024 年 7 月第 1 次印刷
书　　号	ISBN 978-7-5657-3671-1 / D·3671　　定　　价　75.00 元

本社法律顾问：北京嘉润律师事务所　　郭建平